メルトダウンする憲法・進行する排除社会

暴排条例と暴対法改訂の「いま」

シリーズ　おかしいぞ！ 暴力団対策②

第一部

注目せよ！　憲法のメルトダウン

■シンポジウム in 小倉

岡田基志

南丘喜八郎

田原総一朗

本田兆司

宮崎学

青木理

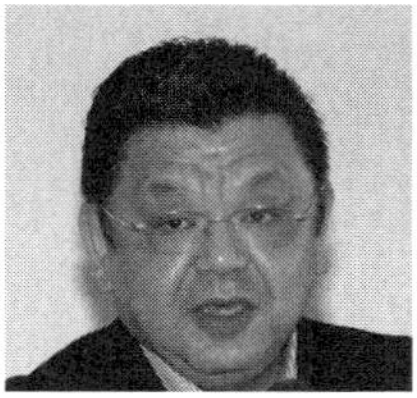
須田慎一郎

二〇一二（平成二四）年三月三一日、福岡県北九州市において、パネル・ディスカッション「憲法のメルトダウン～進行する排除社会・消えゆく法の下の平等～」が開かれた。「暴力団排除」の最前線といわれる北九州で、何が語られたのか、以下はその記録である。パネラーは、いずれも「暴力団排除条例の廃止を求め、暴対法改定に反対する表現者の共同声明」の賛同者。

憲法は「難儀」な存在／憲法に触れると干される？／改訂は市民に対する規制だ／権力は必ず適用を拡大する／「北九州方式」＝「コンプライアンス利権」の構造／警察には「クリーン・ハンド」は適用されないのか／三者もたれあいの構図が変容する？／「ニアリー・イコール」―「近い」者は「同じ」という論理／アメリカが暴対法を「つくらせた」／対米自立の観点から捉える必要／法務省管轄による「法テラス」／「暴追センターの役員なので弁護できない」／利権の構造―規制行政官庁化した警察／被害者の親族がモンスター化／裁判官は世論に影響される／世論は検察とメディアの合作でつくられる／島田紳助さんはスケープゴートにされた／光市事件―脅威を感じる刑事裁判／新聞社、メディアを牛耳るものは誰だ／一般社会と暴力団が対決する構図／「この世に怖いものなし」と大物検察ＯＢ／北九州の事態をどう見たらいい？／ジャーナリストとお金の関係は？／「おにぎり事件」が意味するものは？／「裁量性が高い」ということの意味は？／「漠然故の無効」という理論／勇気ある決断に拍手！

憲法は「難儀」な存在（岡田）

岡田　今日、司会をさせていただく弁護士の岡田でございます。本日は多数の方にご参加いただき本当に感謝しております。

テーマはすでにお知らせしているとおり、「憲法のメルトダウン」です。憲法の溶融ということですが、今日の集会を呼びかけた僕ら弁護士は、六法全書の中にある法律を相手に仕事をしております。ところがこの法律の中で、憲法という存在は、実に難儀な存在なんですね。この場合の「難儀」というのは関西的な意味での「難儀やなぁ」とか「難儀な人やなぁ」といった意味での難儀です。要するに、ちょっと扱いに困る、困り者だ、というような感じです。

どうしてか？　それは重要なものであるべきはずなのに、それだけの存在感がない。軽く見られている。以前、『存在の耐えられない軽さ』という映画がありました。この映画の題名がまさにピッタリなのが、この憲法という存在だと言っても過言ではありません。二、三、具体的な例を挙げてみます。

一つは、条文に書いてあることと実際の運用が乖離しすぎている。例えば、もう、これは決着済みの問題ですが、憲法九条の戦力不保持。この文言とか表現からすれば、自衛隊は違憲だと言わざるを得ません。現に、戦争に懲りていた終戦直後はそういう解釈が多数でした。しかし、今日の憲法学者の中で、自衛隊は違憲だと言っている人は非常に少ないんです。少なくとも僕ら団塊の世代が現役の学生だった頃、たいていの憲法学者は、違憲だ、あるいは文言上は違憲と言わざるをえないと言っていたんです。今はもう自衛隊違憲論に立つ人は少ないです。どうしているかというと、どの学者さんも、ある意味で理屈をこねくり回して合憲だと解釈をしている。もうそういう現状なんですね。いいか悪いかは別ですよ。

そのほかの憲法解釈も同じようなものです。ことに人権規定に関する憲法解釈、これは今日のレジュメにもありますが、後退に次ぐ後退、あるいは辻つま合わせが顕著です。だから、憲法解釈にはご都合主義だという批判が、どうしても付きまといます。かつて三島由紀夫さんが、この点を衝いて、憲法解釈の虚妄性を過激に批判しましたが、ある意味、これは的を射た批判なんですね（僕とは考えが違いますがネ）。

また、僕ら、法律実務家の間では、こういうジョークがあります。「憲法は明治憲法でも今の憲法でもどっちでもいいんだよ。裁判官はそれを知らなくったって立派に仕事ができるよ」「それはおかしいだろう」「いや、間違いない」「どうして？」「だって裁判とかで憲法を使ったりすることはないもの」

それはどういうことかと言うと、裁判官は現実に裁判をする際、憲法というものはあまり触れたがらない。敬して遠ざける、まさに難儀な存在なんですね。だから、憲法なんて知らなくたって裁判ができる。ブラックジョークなんですが、こういうのがあるわけです。

ここに、今回の暴対法の「改正」といわれるもの、あるいは暴排条例。これがまかり通る根本的な原因があります。暴排条例なんて、憲法的原則からすれば考えられないほど無茶苦茶なものなんです。近代憲法が積み上げてきた考えを全く無視しているといっても決しておかしくはない。

憲法に触れると干される？（岡田）

しかし、このことを指摘する学者さんは少ない。というか声を上げません。どうしてか。警察を批判的に取り上げた学者さんは、たとえば国なら国で、地方公共団体なら地方公共団体で、審議会なんかの委員になれない。地方公共団体だったら、北九州市、福岡県、あるいは熊本県の委員になれない。そうすると重要な情報に触れられない。干されてしまう。だから警察を批判的に取り上げる学者さんというのは少数派だし、まぁ、僕が聞いた限りではほとんどいない。これが現状なんです。

こういう状況を指して、まさに、もう憲法は溶けてしまっている。メルトダウンだ……こういうことになっていると思います。

そこで、議論する意味はそこにある。とにかく声を上げなきゃいけない。それで、今日こういうパネル・ディスカッションを開かせていただきました。鋭いパネラーに集まっていただきました。暴対法の改正問題、暴排条例、あるいは、原発の訴訟問題、その他、今の日本の憲法状況について激しく、激しく議論していただきたいと思います。

お手元にブックレット『あえて暴力団排除に反対する』があると思います。これは暴対法関係の、宮崎学先生が開かれた講演会の記録でございます。僕ら弁護士の意思表明も載っていますので、ごらんになって、また集会のときに活用していただけるといいかと思います。

資料の解説（本書六八頁）

それと、今日の参考になればということで、こういうレジュメもお配りしております。「憲法のメルトダウン」。議論の途中で、資料というのが出てくるかもしれません。それで資料の1から5、この概略を簡単に説明します。

資料1は、問題である暴力団対策法の概要、今回の改正面、改正の骨子、これを入れています。

資料2は、「暴対法肯定の論理」。これもある意味、面白い文献だと思っているんですが、暴力団の排除の論理への反論、これは警察庁の担当官の方が、排除の論理はこういうものなんだ、それに対して、批判があるけれど、その批判は的を射ていないと、そういう警察庁の立場からの議論でございます。

資料3は、暴力団規制は憲法上、どこまで可能なのか。これは面白い文献でして、警察サイドと言ったら何ですけれど、警察学を研究する立場の学者さんが書いた論文の抜粋でございます。「警察政策」の中で、福岡県の現状について行き過ぎではないかというふうに批判、意見が出ているのです。それと、暴対法あるいは暴排条例の背景にある、これは利権問題じゃないか、そういう観点からの文献も用意しております。

資料4は「利権問題としての暴対法改正」。

資料5は日弁連、僕らの団体でございますが、日弁連が書いた、「日本の警察の問題点」。これは要するに刑事警察じゃなくて、防犯保安警察といわれる分野で、そこで非常に深刻な事態が進行してい

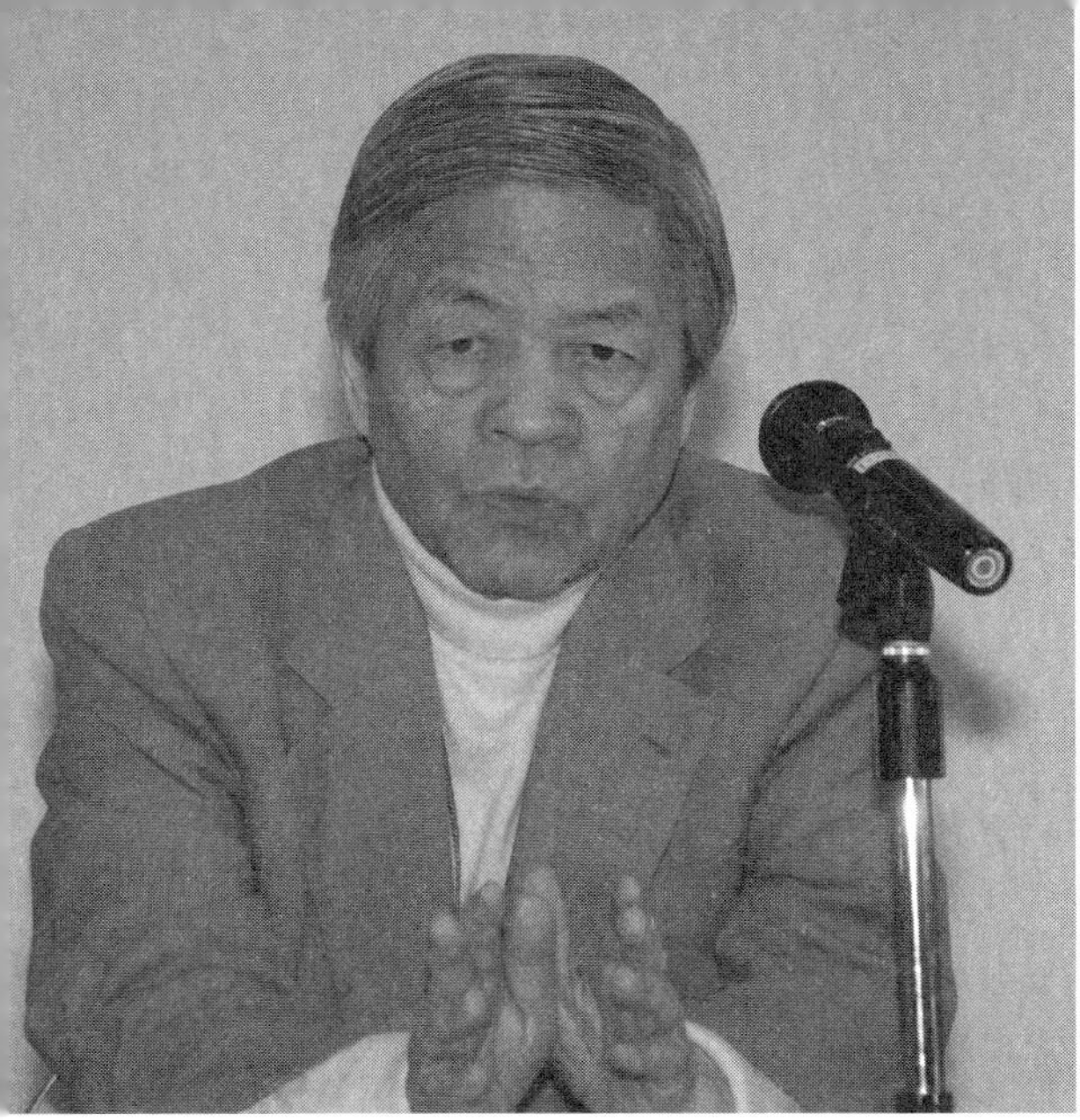

ることを描いた文献でございます。特に注目していただきたいのは、この中の④です。これは今回の暴対法、あるいは暴排条例の背景事情と共通するものがあると思います。ここには「判断がすべて警察に委ねられている。規制の反面、発生する権利制限が相当なものか、そうしたことを客観的に審査し判断するシステムは何も存在しない。すべて警察によるその時々の判断に委ねられる」とある。

では、パネラーの皆さんからお話をしていただきます。

改訂は市民に対する規制だ（田原）

田原　暴力団排除条例については、これが施行されるのは大変なことだと思いまして、宮崎さんにお願いして、「朝まで生テレビ」という番組でこのことをやりました。いったい警察がどういう意図でやろうとしているのか、これにはどういう問題があるのかということをやりました。

私は暴対法施行のときに、暴対法で警察はどうするのか、これはどういう意味を持つのかということをこの番組で取り上げました。当時の会津小鉄の高山（登久太郎会長）さんに来てもらって論議したのです。こうして、二〇年ほど前の当時は、この暴対法についていろいろマスコミでも論議がありました。

私は今回も、暴力団排除条例について、「朝まで生テレビ」で論議したんですが、ほかのメディアはまったく無視です。テレビでも新聞でもこういう論議は、どこかやりましたか？　どこもやらないんですね。

何か怖いものがあるのか。警察が怖いのか暴力団が怖いのか。多分警察が怖いんだと思いますが。民放連（日本民間放送連盟）は暴力団排除条例に協力するという声明を出しました。私たちの番組では、この事実、民放連が暴力団排除条例に賛成していこうとしていることを発表しました。

この暴力団排除条例についてては、私は二つの怖い面があると思っている。

一つは、市民に対する条例であること。つまり、暴力団と付き合うなということですね。暴対法成立の時には、こういうのがを暴力団だというという規定をしたんですね。そのうえで、暴力団は「こうするとと罰するぞ」「こういうことをするな」ということをいろいろ細かく決めた。

これも問題ではあるが、今度の改訂は、一般市民に対していろいろな規制を加えているんです。こいつは暴力団だと警察が決めつけた連中とは、「一緒に飯食うな」とか、あるいは「アパートを貸すな」とか、いろいろあるんですが、あれするな、これするな、と言っている。つまり市民に対する規制、やってはいけないという条例なんです。

これはとんでもないことです。こういうことをされたらね、それこそファシズムじゃありませんか。ホテルは暴力団員を泊めることもできなくなる。それからレストランは暴力団が食事することもできなくなる。

権力は必ず適用を拡大する（田原）

ということで、これは良くないということが一点と、それからもう一つは、この問題をどのマスコミも触れないということ。民放連がいい例ですが、初めからマスコミが権力の側に協力する姿勢を示しているということです。こんなことでいいのかということです。

その二つが大きいんですが、さらに三つ目。暴対法の上に暴力団排除条例をやることにどういう意味があるのか。なぜ、これをやらなきゃいけないのかということです。

私は戦時中の生まれですが、治安維持法という法律があった。これは共産党をやっつけるための法律で、これもとんでもないんですが、この治安維持法ができて、ちょっとでも社会主義に関係あるのは全部やられた。何でも拡大解釈される。

さらに、私が知っているところではレッド・パージというのがあったんですね。朝鮮戦争のときです。これも実は最初は、占領軍は、レッド・コア・パージと言っていた。つまり、レッド、左翼の中心的人物をパージしろ。これがコアじゃなくて、全体に広がって、少しでもシンパシーを持った人間は全部パージする。そういう方向に広がった。何でも、お上がやるのはね、全部広がっちゃう。しかもこの暴力団排除条例は市民に広がって、例えば、暴力団と食事でもした人間はもう芸能界から追放しろみたいな、そういう話になっている。

これは大変危ない。今までいろいろな法律ができて、それはごく一部をやる（規制する）ための法律のはずなのに、これが全く関係ないところまで、ダーンと及んでしまう。この暴力団排除条例は、その危険性が非常にあると思って、これはやっぱり反対しなければいけない。

「北九州方式」＝「コンプライアンス利権」の構造（宮崎）

宮崎　私は二つの件で暴力団排除の当事者であります。一つは私が原作を書いたコミック本が、福岡県、福岡県警の要請なるものに基づいて、コンビニから撤去されたということがありました。二年程前だったんですが。これについて私は裁判を起こしました。

もう一つは私の親族の会社が、暴排条例で勧告を受け、実質的に会社を解散せざるをえなくなったということです。こうした二つの意味において当事者でありますので、今日は参加しました。

今、田原さんがおっしゃられたように、メディアの関係者が今日は多いので、メディアの状況についてもいろいろお話をしてもらえると思うんですが、まず、昨年の一〇月一日をもって、東京、沖縄が暴排条例を施行して、全国で条例が施行された。それを待ってですね、今の国会には、暴力団対策法、暴対法の改正法案が出ていて、すでに参議院の内閣委員会で今まさに審議が開始されようとしているという状況です。

この暴排条例の全国施行と、暴対法の改正の問題については、かなりマニアックな問題がありますので、後ほど話をしようと思うんですが、申し上げたいことは二つあります。

一つはこの暴排条例が暴対法改正に至る流れの中で、やはり大きな利権の構造が生まれてきている。僕はこれを「コンプライアンス利権」と呼んでいるんですが、暴排条例が施行されて以降ですね、どれだけの警察官が天下りをしたのか。この辺のところ、非常に大きな問題があると思われます。

それから、この暴排条例及び暴対法の改正の発火点になったのは、ここ、北九州なんですね。北九州で抗争事件とか発砲事件が多いということではないんです。それが一番大きな理由ではない。それは、福岡県警が「北九州方式」を採ったときに、新しい利権を漁る、コンプライアンス利権を漁る方法を気がついたというか、見出したからです。

つまり、警察が建築会社のアドバイザーとして存在するようになった。そのアドバイザーの言うことを聞かなければ排除されていくというシステムが、実はもう七、八年前から言われている、北九州方式といわれる方式なんですね。建設会社と警察との関係、この中で、まず、新しい利権が生まれてきた。

そのほか、暴排条例の問題を含めてはいろんな利権が生まれてきています。中心としては天下り利権と言われるものだと思いますが、先ほど岡田先生が説明されましたように、警察大学の教科書の中にもですね、福岡、特に北九州における暴力団取締はやり過ぎだと、警察大学の教授の意見があるぐらいですから、やはり異常なことが起こっていることは確かだと見ていいだろうと思います。

問題は、今発生しているこの暴排利権、別名、コンプライアンス利権が、一過性のものではないということなんです。この条例と法律が続く以上、ずうっと、この利権構造は続いていく。瞬間的に利権が発生するというようなものではなくて、恒常的に続いていくという、そういう利権の構造を作ったと。だから警察大学の教授がやり過ぎだと批判するまでに至っているところをですね、なぜ、あえて警察は、力を入れてやるのか。そこには利益があるわけです。コンプライアンス利権、暴排利権という利益があるから彼らは一生懸命やるというふうに、私は考えています。

警察には「クリーン・ハンド」は適用されないのか（宮崎）

もう一つ、私が言いたいのは、今日の朝日新聞朝刊だと思うんですが、社会面でに「福岡手榴弾110番」という記事があります。ネーミングとしても、もう少し考えた言葉をやればいいのになというのはありますけれども。実は、僕はこのことについて言っているのではなくて、その下にですね、元警部補の一部無罪破棄、福岡高裁わいせつも有罪という記事が並んであるんです。

この間の警察庁が発表した数字だけでも、警察官の不祥事といわれるものが、また増加する傾向になってきています。九九年の神奈川県警の不祥事事件、一連の不祥事事件が噴出したときがありました。それ以降、少し警察の不祥事が下火になったんですが、また増え始めて、昨年発表した分ですから一昨年の数値だと思うんですけれども、三百六十数件起こってきているわけですね。

私が何を言わんとするかというと、取り締まる側、警察官には、やっぱりクリーン・ハンドの原則、どうしてもこれは求められるわけですね。その点で、今、警察が、苛烈な暴力団対策をやっている中で、はたして、彼らにその資格が有るのか無いのか、その問題を問うていきたいと、こういうふうに考えています。言いたいことは一杯あるんですけれども、次にバトンタッチします。

三者もたれあいの構図が変容する？（須田）

須田　私の肩書はジャーナリストで、もともと専門は経済、企業事件などですが、私が、この問題、暴力団問題と一番最初に向き合ったのは、一九八〇年代末に発生したバブルの騒ぎのときでした。

当時、後にイトマン事件と呼ばれる大型経済事件が大阪で発生するわけです。イトマン事件というのを簡単に説明すると、大阪の老舗の繊維商社であるイトマンと、そして大手都市銀行、住友銀行、こうしたオモテの企業のお金が闇社会に流れて行って、闇社会に食い荒らされていたという事件が発生するわけですね。最終的に、巻きあげられたお金が三千億円と言われております。これは今でも経済事件の被害額としてはベスト・スリーに入る、そういった金額なんですけれども、当時の新聞は、「闇に消えた三千億円」というような形でその記事を書いていたんです。

しかし、私の問題意識としては、金っていうのは闇に消えるもんじゃないだろうと。その行き先には必ずどこかに流れているに違いないと思っていました。ずーっと

取材をしていくと、暴力団の存在……当時は山口組ですけれども、その山口組の存在に行き当ったわけです。

その当時なんですが、この事件の裏側で行なわれていたのは、一言で言ってしまえば、暴力団と企業、そして警察、この三者の蜜月の構図と言ったらいいんですか、癒着の構図だったんですね。一皮剝けてみると、この三者の「持ちつ持たれつ」の関係がそこにあった。

そのときから二〇年以上の歳月が流れました。すると、そこに見えてきたのは、その蜜月の構図が変わって、暴力団だけがそこからスポイルされていく、はじかれていくという構図です。

宮崎さんの言葉の中に、「コンプライアンス利権」というのがありました。三者で分け合っていた利権を、一つの組織が、警察が全部独占にした方が、そりゃあ懐が潤うんだから、そういう動きが起こってもおかしくないのかなぁとは思います。ただ、その中で、暴力団の存在というのが是なのか非なのか、悪なのか善なのか。もちろん善という人はいないでしょうけれども、それを排除しなければならないほどの悪の存在なのか、という問題はあろうかと思います。

「ニアリー・イコール」──「近い」者は「同じ」という論理（須田）

それはさておいて、私が言いたいのは、暴対法というのは先ほども説明があったように、暴力団そのものを壊滅させようとする法律なんですが、その上に立った暴排条例は、市民に対する条例、規制ですよね。その法律とか条例を見ていきますと、非常に警察の裁量性が高い。裁量性が高いということはどういうことかというと、それを用いる側、つまり警察の側の匙加減一つで、いとも簡単に犯罪者にも仕立て上げられるということです。

あるいは「暴力団協力者」という存在を設定したこと、暴力団に「近い」者はほとんど暴力団と「同じ」だという論理を構築したのです。すると、「近い」者は犯罪者という存在になるんでしょうけれども、そういう形でこの法律あるいは条例が制度設計されているということなんですね。

もっともっと言えばですよ、私は暴力団と付き合いがないから、そういった条例や法律には無関係なんだと思っている方が、たくさん今日はおいでになってらっしゃると思うんですが、ある日突然、身に覚えのない嫌疑をかけられ、「あなたは暴排条例違反ですよ」と名指しされて、社会的に、あるいは経済的に抹殺されてしまう、こういう状況も十分あり得るんだということにまず気が付いていただきたいんですね。つまりこの暴排条例に関して当事者意識を持ってほしいということなんです。

これが遠い国で、あるいは全く自分とは無関係なところで起こっている話ではなくて、非常に身近な、場合によっては自分にも直接関わってくる問題なんだという意識を持つ。そして、この法律、条例の背景に何があるのか、ということを考えてみることが、必要なのではないのかなと。私はそういう問題意識を持っているんです。

また、私が危惧するのは、この暴対法や暴排条例のあらまし、全容について、普通の市民がそれを正確に認識しているだろうか、理解しているだろうかということです。とてもそうは思えない。誤解に基づいている部分が非常に大きいのではないのか。

ですから、自分の問題としてとらえると同時に、この法律、条例というのは、どういったものなのか、正しく理解することが必要になってくるのではないのか。そして、それを正しく理解していただければ、この法律、条例の問題点というのは浮き彫りになってくるのではないのかと思うわけなんです。

アメリカが暴対法を「つくらせた」（南丘）

南丘　私は「月刊日本」という本を出しております。一六年前に創刊したんですが、ちょうど一〇年前、暴対法が施行されて一〇年目に、敢えて、大胆不敵に、「甦れ任俠道」という特集を組みました。そして、ほぼ二〇年目に暴排条例ができ、これを糾弾する特集を作りました。何故にそんなことを私がやるのか、皆さんにお話をしたいと思うんです。

二〇年前にできた暴対法は、日本の警察庁が、当時の日本の社会情勢を見て、暴対法をどうしても作らにゃあかんと思って作った法律だというふうに皆さんお思いになっているとすると、それは大間違いです。

じつは、一九八〇年、八一年にハワイで日米の警察担当者が集まって、日米暴力団対策会議というものが持たれました。そして、ほぼそれから一〇年後に、当時の警察庁捜査二課長だった石附弘さんという方がアメリカに呼ばれました。アメリカにはギャング、マフィアを取り締まるための「ＲＩＣＯ法」という法律がありますが、これを提示されて、ありていに言えば、この横文字の法律を、縦に直して、つまり翻訳して日本でも施行しろと、こういうことになったわけです。

日本国憲法と同じ手法です。横書きのアメリカの法律を縦書きにしただけ。日本国憲法は法律の素人が集まって英文で原文を作り、日本に急遽翻訳させて、一週間足らずの間に作り上げた。アメリカ製の原案をこねくり回してつくったのが日本国憲法。これを我々は今、押し戴いているわけですけれ

ども、これと同じように、アメリカのマフィア退治の法律を、翻訳して縦書きに直して二〇年前に急遽作ったのが暴対法なんです。
なぜか。一九七〇年代から八〇年代にかけて、日米経済摩擦が日米間の最大の問題になりました。とくに一九八五年、この年は日本が世界最大の債権国になり、同時にアメリカは世界最大の債務国になったんです。それからしばらくたってソ連が崩壊する。アメリカにとって敵はソ連ではなくなった。ソ連という国がなくなっちゃったわけです。さて、アメリカはどこを敵にするか。経済大国にのし上がってきた日本をソ連に代わる敵にして、経済戦争を仕掛けてきたのです。
これはアメリカ議会でも議論された。当時のＣＩＡ長官はこう言明した。今までＣＩＡの予算の九〇％は対ソ連諜報工作に使ってきた。しかしこれからは、敵はソ連ではなく、経済大国にのし上がった日本なのだ。今、我々アメリカが経済戦争を戦う相手は日本だということです。つまり日本の不良債権処理の過程の中で浮かび上がってきたのが、いわゆるカッコ付きの「暴力団」ですね。これを排除しないとアメリカの金融資本は日本に上陸できない。こういうバックグラウンドがあって、急遽、暴対法を日本に、敢えて言うと、作らせた。それがまず第一の背景にある。

対米自立の観点から捉える必要（南丘）

つまりこれは日本の独立の問題だと私は思うんです。ほとんどの新聞は書いていませんけれども、実は昨年、二〇一一年、オバマ大統領が「国際的犯罪組織に対する戦略」という文書に署名しました。この文書には、凶悪な犯罪組織が四つ明記されている。メキシコ、ロシア、イタリア、これは具体的にマフィアの名前が提示されている。四つめが「ザ・ヤクザ」。これらの組織と関わりを持った企業はアメリカ財務省によって資産凍結という処分を受けることになったのです。オバマ大統領はこういう文書に署名したんです。

その結果、どういうことが行われたか。つい最近新聞で報道され、皆さんご承知だと思いますけれども、山口組六代目と弘道会トップのアメリカにある個人口座が凍結されたんですね。今後、これに関わっていた銀行など金融機関のアメリカでの活動も停止させるという可能性もあるということです。

昨年の一〇月一日、先ほど宮崎さんもおっしゃったように、沖縄と東京とで暴排条例が施行された。これで全国四七都道府県、一斉に施行されるようになった。

これは、アメリカの対日工作の一環なのです。皆さんご承知のように、一〇年近く前、我が国は郵政民営化問題で大揺れに揺れました。郵政を完全民営化し、郵貯、簡保を民間会社にして、郵貯、簡保に預託された巨額のカネを全部アメリカが持っていくぞ、というのが、実は郵政民営化の本当の主旨だったんです。民営化の結果、地方の特定郵便局は次々に潰れている。そして日本の町の隅々、村々の隅々まで張られていた貴重なライフラインのネットワークが崩壊しようとしています。民営化の結果、地方が崩壊しつつある。

私は、日本の本当の強さを知っているのはアメリカだと思うんです。アメリカは我が国が日露戦争に勝った直後に、日本を仮想敵国に設定して徹底的に日本研究をやった。大東亜戦争が始まる前には、ルース・ベネディクトという学者が日本を研究し、「菊と刀」という名著を著しました。彼らは、日本はなぜ巨大なアメリカを相手に四年近くも戦ったのか、強靭な国家を作った秘密は何かを徹底的に研究した。一つは一君万民、天皇を中心とした日本の国体。これを潰さなければいけない。そして国体を支えた家族や家制度を潰さなければいけないということになった。そこで、民法が改正された。家制度が潰れ、家族が崩壊する、その結果、日本の共同体はほぼ崩壊し、国民は一人一人、みんなアトム的存在になってしまった。

「任侠」——弱きを助け強きを挫くという生き方は日本人の本質であり、ヤクザ、任侠とは、じつはドロップアウトした人たちを支える共同体の強靭な一部を構成していたわけです。疑似親子関係の中で、彼らは本当に緊密な関係をつくっている。これの評価……いい悪いは別です。彼らが刑法に触れるような犯罪を犯せば、当然これは糾弾しなければいけない。しかし任侠は日本社会の一部を構成していることはまちがいない。

つまり、戦後一貫しているアメリカの対日政策の根幹は、アメリカの「初期の対日方針」に書かれているように、二度と再び日本がアメリカに歯向かうようなことのないように、徹底的に弱体化する。これがアメリカの一貫した対日戦略なんです。郵政民営化もそうでした。暴対法、暴排条例もそのアメリカの対日戦略の一環だというふうに私は考えているんです。

暴対法、暴排条例の条文の問題はたくさんあると思いますけれども、基本的には私はこの問題は日本の対米自立の観点から捉える必要もあると。このバックグラウンドにあるのは一体何なのかということを見極めることが大切だと思っているんです。

警察庁にキャリアで入る、彼らはだいたい東大法学部を卒業した連中ですが、彼らのなかのエリートはみんなアメリカに行って教育を受ける。アメリカンスタンダード、イコール、グローバルスタンダードであり、アメリカンスタンダードは素晴らしいことなんだと、日本の警察官僚はみんな思っています。私は、そういう状況で作られてたのが、暴対法、暴排条例という一連の法律であり、条例であるというふうに思っているんです。そういう観点から、この問題を考えることが必要なのではないかということが私の持論なんです。若干観点の違った意見でありますけれども、そういう角度からもこの問題を見ていただくとありがたいと思います。

法務省管轄による「法テラス」(本田)

本田　私を「怒れる弁護士」ということで紹介されていますが、私は、弁護士になったときに、ごく一般の「普通の弁護士」になろうと思っていました。その普通の弁護士とはどういうことかといいますと、まさに、在野法曹、権力とは違う所に自分の位置を置くことで、在野として弁護活動を行うということを使命と思っていました。

ところで、この暴排条例、あるいは今回の暴対法の改正の問題は、国民を社会と反社会的、一般国民と反社会的国民とに分断し、これを排除しようとすることに最大の問題があるのですが、どうも、私が思う普通の弁護士であることを許さない状況が我々司法界にも現れてきているのではないかと感

じています。弁護士会の自治は、どのような権力、社会的権力や国家権力にしろ、それに対して自治権をもって、弁護士は基本的人権と社会正義に固持し、それを推し進めていく使命があるのが基本なのですが、権力と対峙しない、対峙できないない弁護士が出てくる状況があり、私は普通の弁護士でないと思われなくなってきているように思えるのです。

たとえば、皆さん方が今後、弁護士の支援を要する法律の問題が出たときに、日本法律支援センター、いわゆる「法テラス」というところが、法律相談事、刑事弁護などを受け付けることになりました。この法テラスをどこが行っているかというと、実は、法務省が管轄するところなんですね。法務省管轄で、国選刑事弁護を扱うような状況になっているし、それから被疑者弁護、逮捕され起訴されるまでの弁護活動をも行うようになってしまいました。法務省管轄ですから、宮崎さんがおっしゃいました、まさに、コンプライス利益と言うかは別にして、天下り先としての組織にもなりかねないわけです。

たとえば、私は従前から国選事件を多く扱ってきました。裁判所からみれば、重大事件が起こったときに、なかなかやり手がいないときには、弁護士会を通じて依頼を受け、そういう事件の弁護人になってきましたが、その法テラスができてからは、法テラスと契約し、私は法テラスに、自分の弁護活動を報告し、事実に争いがあることを告げたりすることにもなり、そのようなことはできない。弁護士、弁護活動は独立であって、国家の権力からは自由であるべきだと考えると、刑事弁護を監視されることはできないと考えて、契約をできないのです。だから私には、法テラスが所管するような国選弁護は一切回ってこなくなってしまったのです。

この法テラスができた当時は、法テラスとの契約関係を行わない弁護士がかなりいました。しかし、今は法テラスと契約しない弁護士が少数者になってしまいました。同時に、法曹人口を増やすという司法改悪がされて、弁護士の就職先が見つからず、多くの弁護士が法テラスとの契約によって、民事事件を受け、刑事事件を受け、事務所費用を維持するようになってしまったのです。契約をすれば、契約条項に反した場合には、契約を解除され、解除されると、弁護士も事務所の維持が大変になりますから、法テラスの監督に服するようになり、だんだん自己抑制していくことが危惧されるのです。

たとえば、これも新聞報道になりましたが、弁護士が数回しか接見に行ってないのに、それより多く行ったと報告して、その費用請求をしたということがありました。そのため今は、実際に費用請求を証明する書面を出しなさいということになりました。私は、その弁護士が偽ったことを擁護できないけれども、しかし、もともと非常に安い金額でその国選弁護をやるように設定されていることが大いに問題だと思います。その弁護士も、自分としてはもっと見合う費用を接見回数で誤魔化した面もあると思うのです。この問題点は単なる接見回数を誤魔化したという問題ではなくて、刑事弁護を低額な費用で済まそうとすることに問題があり、法テラスが、この弁護士は接見回数が多いということを調査したことに法務省が刑事弁護に介入することの危険性を注視する必要があると思います。

私は、刑事弁護を受けた場合には、接見回数にこだわらず、弁護活動を行うことにしています。一日、二回も行ったりする。時間的に余裕がないときには、夜中にも行くということもありますけれど、そういう弁護を本来的にやるような体制を保障するのが重要なのに、接見回数が多くなれば費用を減額し、回数が多いといって調査したこと自体、弁護士が接見に行くことに自己抑制を求めるものであり、最も基本となる事実の聴取がおろそかにされたら、刑事弁護の基本が損なわれるのではないかということを危惧されるのです。

このような法務省の管轄下に多くの刑事弁護が行われているいうことが、今の司法の中で起こってきて、それがひいては、刑事弁護が本当に事実を解明することの基本がおろそかになるのではないか。今はそういう弁護士にも法テラスの監督に疑問を持たない弁護士とこれに異を唱える少数の弁護士とに分断される体制になってきております。

「暴追センターに関係するので弁護できない」（本田）

また、暴対法の例で言いますと、暴力追放運動推進センターですか、暴追センターというものが、公安委員会のもとで認定されるようになっていますが、これは民間団体の様相をしていますが、本日配布のレジュメの最後の二枚に書いてありますが、市民運動の体裁を前面に押し立てて、実は警察が裏で糸を引いているのが実態といえます。

そして、弁護士会の中に民事暴力介入の対策委員会があって、そこに何人もの弁護士が所属し、この弁護士はこの暴追センターと密接な関係を持って、その裏方である警察と密接な関係を持って、暴追運動と称する運動を推進しているわけですね。だから、この委員会の弁護士が言われるには、「私は刑事弁護ができません。暴追センターに関係しているので、あるいは民事暴力対策委員会の委員をしているので刑事弁護をしない」。

そういう形で弁護士会自体が、刑事弁護をしないという弁護士が存在し、弁護士の自治、国家権力と対峙することで社会的正義と基本的人権を守ることの原則が、どんどん変節してきているのです。

私自身は普通の弁護士だと思うのですが、法曹界がそれを許さない環境がどんどん進んできて、どうも少数の弁護士になってきてしまい、その少数側の弁護士になったからかもしれませんが、たとえば、光市事件の刑事弁護を務めることが弁護士の中からも非難され、あるいは、上関原発、瀬戸内海の中に原発を作ろうなんていう環境破壊の最たる暴挙に反対する長い闘いの代理人を務めることになったのかも知れません。

そして、今の司法の状況を見たとき、本来は人権の最後の砦であるべき裁判所が本当に真実を解明し、また、基本的人権と社会正義の実現に真摯に答えているかというと、これらの事件を担当して、決して人権の砦としての職責を果たしていないと思わざるを得ず、今回の暴対法改正や暴排条例の憲法違反性を広く訴えるために、今日の集会に、寄せていただいた次第です。

利権の構造―規制行政官庁化した警察（青木）

青木　まず、各地で相次いで制定された暴力団排除条例がまったく同じような内容になっていることをきちんと指摘しておかねばならないと思います。全国で同内容の条例をつくるなら、本来はきちんと法律で作ればいいはずなのに、なぜ条例で作ったのか。私は、こう訝っています。こんなものは明

らかに憲法違反で、法律なんかでつくったらさすがに内閣法制局あたりではじかれてしまうから、条例でやったんじゃないかと。

もう一つ、強調しておきたいのですが、条例の中に「基本理念」というのがあるんですね。東京都の条例を見れば、暴力団を「利用しない」、「恐れない」、そしてもう一つ、「交際しない」って謳い上げてある。馬鹿げた話です。まるで母親が子どもに「あの子とつきあっちゃダメ」と小言をいっているようなものです。誰と付き合い、誰と付き合わないかなど、自分で決めるべき話です。こんなことをお上に、ましてや警察ごときに言われる筋合はない。反吐が出るような条例です。

暴力団が善か悪かっていえば、僕も悪だとは思います。ただ、どうも最近の世の中、ことに日本の社会というのは、表層的な悪というものに目を奪われて大騒ぎし、物事の本質的な、もっと根源的なというか、構造的な悪というものを見抜く力が非常に衰えているんじゃないでしょうか。

はっきりいえば、この一連の〝暴力団追放〟の流れ、特に暴排条例を主導した警察官僚の思惑の大きなものの一つが、「利権」なんですね。それを「コンプライアンス利権」というふうに宮崎さんはおっしゃっているんですけれども、利権以外の思惑を探してみれば、せいぜいが前警察庁長官・安藤隆春さんの在任中の〝実績作り〟なんです。

事実、暴排条例をはじめとする暴力団追放の動きを強めたことにより、警察の天下り利権は極度に拡大しています。僕が取材した範囲内でも、たとえば、建設会社とか銀行なんかは当然なんですけれども、ゴルフ場とか、パチンコ屋とか、外資系の企業に至るまで、ありとあらゆるところに警察の天下りが広がっている。もちろん暴力団は悪なんだけど、その悪を排除するんだと言って正義面しつつ、実は裏でニヤつきながら蠢いている官僚集団がいるっていうところに、どうも社会の、あるいはメディアの目が届かなくなっているんじゃないかと思うんです。

現在の警察庁長官は片桐裕さんですけれども、この方、警察庁で生活安全局長というのを経験しているんです。警察のトップというのは、九〇年代の半ばぐらいまでは代々、主に警備公安警察の出身者、特に警察庁警備局長を経験した人物がほとんどだったんです。ところがここにきて生活安全局長というのが警察庁のトップに座った。また、首都警察である警視庁のトップ・警視総監も、現在は生活安全局長の経験者が就いています。

警察の双頭ともいうべき警察庁長官と警視総監が二人とも生活安全局長出身者というのは、史上初めてのことです。かつては警備公安警察がほとんどを占めていた警察庁長官と警視総監の地位が、生活安全に変わったんですね。これは何を意味しているか。「生活安全」というのは、もともと警察内で「防犯」と呼ばれてきた部門です。薬物や風俗店の取り締まりなどを担ってきたのですが、ここが肥大化し、近年の警察が事前規制の行政権限をものすごく強めてきた。それが利権を生みだすんです。

私が申すまでもなく、警察というのは、発生した事件を捜査し、犯人を捕まえるというのが本旨だったんですけれども、最近はいわゆる規制行政官庁化している。警察の規制権限、許認可権限というのがものすごく肥大化して、そこに利権が生まれる。それを主に司っているのが生活安全局であり、だからこそ、生活安全局長の出身者が警察組織の二大トップを占めるようになったと私は見ています。

ちょっと言葉は行き過ぎかもしれないけれど、警察国家化しつつあるとすら思います。従来は民事不介入だったはずなのに、人々の生活や社会のあらゆるところに警察が首を突っ込み始めている。飲食店や風俗店はもとより、パチンコの景品交換に至るまで、従来はヤクザの利権だったものを警察が取り上げ、自らの利権に変えている。警察こそ、広域組織暴力団です。これに権力までくっついているから、さらにたちが悪い。そういう構造的な悪の部分にどうもメディアも社会も目が行かず、表層的な悪である暴力団を排除すればいいんだというようなところで、議論が止まるような風潮が非常に強まっているというのが、私の危機意識です。

そういう風潮というのは、実は各所で強まっているように思います。たとえば、本田さんや岡田さんが弁護人として担当された山口県光市の母子殺害事件。非常に陰惨な事件です。あの少年が悪いかといえば、それはもちろん悪い。やったことが許せないのは当然です。しかし、あの少年は事件当時一八歳で、生い立ちも家庭環境も非常に悲惨なんですね。母親が少年の目の前で自殺したりとか、父親から虐待も受けていたそうです。もちろん彼がやったことは悪いけれど、その悪の先にあるもの、母親が少年期に自殺し、それを眼前で見てしまって育ったわずか一八歳の人間がやってしまったことなんだっていう、あの少年が罪を犯してしまったことの奥にあるものに対する社会の視座の射程というか、それが非常に短くなってるんじゃないかなと思う。表層的な目の前の悪や、目の前の許せないことをバッシングして溜飲を下げるという風潮がすごく高まってるんじゃないかなと思うんですね。

光市の事件の場合、弁護団にまでそのバッシングの刃が向かいました。異常なことです。暴力団追放というのも、僕はそういうベクトルで考える点があると思っています。

被害者の親族がモンスター化（宮崎）

岡田　ありがとうございました。全パネラーの方から問題点の指摘、あるいは意見を述べていただきましたが、今度は、順不同でよろしいと思うんですが、それに付加して、またご意見をいただき議論したいと思います。

宮崎　今の青木さんのご意見に関連することで発言します。光市事件を契機として、裁判に影響を与えるためには、つまり判決に影響を与えるためには、世論を高めるんだという考え方が当たり前かのような国になってしまったということ。

本来、裁判というのは世論の影響を受けてはいけないものなんです。裁判というのは法に基づいて厳正に行われる性格のものだと僕は考えるわけなんです。世論によって、裁判、つまり、判決の内容が変わってくるのであれば、それはリンチと同じなんです。そういう構造がむしろ、今は一般化してしまっている。

実はこの問題は、暴排条例や暴対法改正と非常に関係のある部分です。暴排条例や暴対法改正の根拠とされているのに住民運動というのがあります。暴力団の事務所ができたらそれの立ち退きを要求するという住民運動が起こったりします。これは圧倒的にメディアの責任が大きいところなんですが、この住民運動の中身をメディアは取材したことが一回としてあるんだろうか。これ、全部警察関係者がやっていることでしょう。何らかのところで警察との利害関係のある人間がやっているものだと、私の取材上ではそうなっています。

これは一九六〇年頃に、軍事政権だった韓国において、いわゆる、官製デモというのが行われたわけです。官製デモというのはどういうものか。軍事独裁政権が、野党が伸びてくることを抑止するために、野党の内部でデモをかけ、反対派にデモをかけてくる、そういうのが非常に頻繁に行われた。それを官製デモという言葉で言われるわけですけれど、全く同じことが警察によって行われている。つまり住民運動の中身たるやですね、これは圧倒的に官製だということが一つあろうかと思います。

それからもう一つは、いわゆる被害者、被害者の親族がモンスター化している現象がある。被害者の親族が言うことであれば、すべてそれを是として聞かなきゃいけない。当然、被害者の親族の意見は可哀相だから、裁判所もその意見を聞かなきゃいけない、ということになるわけなんですが、実はそこには大きな落し穴がある。つまり、感情をもって裁くのか、法律をもって裁くのか。

裁判所というところは、最低限、法律については原理主義的なものでなくちゃいけないという、僕の考えがあるわけです。つまり、そのときの空気によって、刑期、量刑の重い軽いが決まるようなのでは、法律があってもないようなものになってしまうのではないか。そういう世論的な迎合というものが、実際には非常に大きな社会的な要因になってきている。

これは田原さんにお伺いしたいんですが、一連の犯罪がありますよね。犯罪被害者の意見はもう絶対に善なるものとして、是認していかなければ、番組ができないような、今、そんな状態なんじゃないかなと、僕は外から見ててそう思うんですが、実際にはどうなんでしょうかね。

裁判官は世論に影響される（田原）

田原　僕はずっと一貫して加害者の立場に立った番組ばかり作ってるんです。ロッキード事件の田中角栄ですね。リクルート事件の江副浩正さん、それからライブドアの堀江貴文さんと、そういう番組を作っているので、ちょっと宮崎さんの意見とは違う立場に立っているんだけど。やってみてわかることは、僕がやったことに対して、マスコミの中では、冷ややかな目線しかない。全く。

一番最近では、暴力団排除条例ですよ。これはぜひやらなければいけないと。僕は暴力団排除条例が良くないということを言いきるつもりはないんです。いっぱい問題を持っていると。だからこのことについて論議をするのが、私は、ジャーナリズムというものであると思う。ロッキード事件もそうだし、リクルート事件もそうですね。ところがマスコミは論議しないんです。

四〇年前に私は『原子力戦争』という本を書いた。このときには、ほとんどの人が原子力は安全だと言っていた。僕は危険だと書いた。危険だと書いたために、結局、私は会社を辞めざるを得なくなった。辞めたんですね。むしろこんな本を書いたら会社を辞めるのは当然だと思われていた。今は逆に、原子力は危ないというのが世論ですね。もしここで、原子力はそうでもないよ、と言うと、今度は社会の敵になる。だから世論というのは怖いものだと思っています。

で、ここで問題なのはね、裁判は世論に影響されてはいけないと宮崎さんは言う。本当はそうなんだけど、裁判長はほとんど世論に影響されています。

私は現に複数の裁判官に取材しています、直に。オフレコで。あなた方は世論に影響されないか？

世論に影響されて判決を出すんだよ、と言っています。

宮崎　だとすると、日本の裁判というのは……。

田原　どうしょうもない。

宮崎　如何ともしがたい、簡単に言えば。だから世論を高めれば……。

田原　有罪にでも無罪にでもできる。

宮崎　それだったら、一番いい弁護人は世論ということになりますよね。そういうことになってくると、誰が世論をリードするのかということになってくるし、世論をリードできる人間、一番の人間は官僚だと思うんですね。

田原　今、世論をリードしているのは警察だと言いたい。

世論は検察とメディアの合作でつくられる（須田、田原）

宮崎　だから警察が今、世論のリードをするために根拠としているのは、住民運動なるものなんですね。それを梃子（てこ）としてやっている。しかし、その住民運動というのは、実は作られた官製型の住民運動だと思う。須田さん、どうでしょうか？

須田　あえて住民運動という視点で取り上げるとすると、多くの新聞やテレビは住民運動という現象面はたしかに報じているんだけど、その背景に何があるのか、いったいどういう人たちが構成して、どういう目的でやっているのか、そういったところを自らの力で……「自ら」というところが大事なんですけれども、全く検証していないのではないのか。

ただ単純に表面上起こっていることを垂れ流しているだけではないのか。ある意味で私は、メディアの劣化というところがそこで発生しているんだろうと思います。

しかし、多くの視聴者や読者は、随分と程度の低い、レベルの低い新聞、テレビだという認識が広がり始めていて、ここ最近マスコミ、メディアに対する、市民の信頼感は大きく低下している。あるいはもうテレビは見ない、新聞は読まないという人がどんどん増えていっているところを見ると、そうした傾向はさらに加速し始めている。

ですから、メディアが重大な岐路に立たされているのではないかと思う。それはどういうことかというと、読者であるとか、視聴者のニーズに応えるためにどうすればいいのかということを真剣に考えるべきなのです。それを警察の意向に沿って、あるいは警察の思惑に沿う形での報道に終始していたら、これは見捨てられますよ。これはあまり使いたくない言葉であるんだけど、これこそマーケットメカニズムというのが働いてくるんではないのかと思うわけです。

ただ、先ほど、世論を形成するのは警察だという指摘もありましたけれども、最終的に、世論に大きな影響を与えるのは、いまだ大手メディアであることは間違いない。警察はそれをうまく使おうとするわけですね。暴力団の排除であるとか、あるいは暴力団をある種、絶対悪の存在なんだというところに仕立てあげていって、先ほどのコンプライアンス利権じゃないけれども、自らの権益拡大という自らの目的に持っていくために、要するにメディアは利用されているんだと思う。

ですから、私はそこを見極める目を養うことも、読者や視聴者にとっては必要ではないかと思います。マスメディアは現象面で起こっていることは報じているけれども、必ずしも真実を報じていないということを、市民は認識すべきだと思います。

田原　ちょっと具体的な話をしたいんですが…。小沢一郎さんの陸山会の問題ですね。あの事件で私は、サンデー・プロジェクトという番組で、郷原信郎さんという弁護士を出したんです。郷原さんは最初から小沢シロ説なんですよ。そのときに、郷原さんを出したのはサンデー・プロジェクトだけだった。郷原さんを出そうと思ったら、報道局から止めてくれと言われた。どうして郷原さんを出すといけないいんだと言ったら、郷原さんを出すと検察が取材に応じない。だから新聞もテレビも当然出さない。

もう一つあった。実はこのとき、やっぱり小沢さんの問題で、新聞が小沢さんの悪口をガンガン書くときに「関係者によれば」と出ているですね。こんなの弁護関係者が言うはずがないんだから、これは検察関係者だと。で、私が新聞のベテランの記者に、「何で検察関係者と書かないんだ、何で関係者なんだ」と聞くと、「それは田原さん。検察関係者と書くと、その新聞は以後、検察が取材に応じない。小沢さんの悪口書く唯一の取材源は検察ですから。だから検察関係者と書けないんだ」というわけです。だからね、須田さん、取材源だからしょうがないと、こう言っているんです、マスコミは。どうする？

島田紳助さんはスケープゴートにされた（須田、田原）

須田　島田紳助さんの事件は、今回の暴排条例のある意味でスケープゴートにされた、その象徴にされたという印象がある。暴排条例は必要なんだというキャンペーン作りのためのスケープゴートに。田原さん、どうでしょう。

田原　僕は島田紳助が引退するのはおかしいと思う。彼は関西の某テレビ局の番組で、街宣右翼を茶化したんですね。それで街宣右翼から攻撃された。本来ならば、そういう攻撃に対しては、やっぱりテレビ局が対応すべきだと思う。あるいは、紳助の属籍したプロダクションが対応すべきだと思う。ところがテレビ局もプロダクションも逃げちゃった。そこで紳助がしょうがなくて、彼の知り合いの元プロボクサーに頼んで、ここから暴力団関係に行ったんですが……。

そのことは、もう今から一〇年以上も前の話なんです。これが島田紳助の暴力団との交流なんです。つまり付き合いの「実態」なんです。金を貰ったり金を出したりしているならともかく、こんな事件で引退しなきゃいけないというのは、とんでもない。

その直後のNHKの紅白歌合戦が問題になった。紅白歌合戦に出る歌手には、暴力団の結婚式に出た人もいる。あるいは付き合っている人もいる。NHKの幹部は暴力団と関係ある人を出さないということだった。ところが現場は、出さなかったら番組にならないということで、最終的には、上の方が現場に妥協したみたいですね。

とにかく、マスコミは暴排条例に引っかかることを怖がっているんです。でも、引っかかったとしても、せいぜい半年間、一年間の謹慎でいいんですよ。彼が引退したあと、メディアは一斉に「紳助叩き」を行ない、一方的に批判を展開した。僕がこの島田紳助事件を書かせろと、二、三の週刊誌に言ったんだが、それだけは勘弁してほしいと、ノーでした。

須田　島田紳助に、もし交際があったとしても、問題があったとされる時点ではそれを規制したりペナルティを科す条文も法律もないんですよ。それが、なぜ、あそこで、ペナルティを科せられなくてはならないのか。この世論のムード、これはマスコミが異常だというほかない。ぜひみなさん、そのことに気付いていただきたい。

もう一つは、彼の名誉のために私がここで事実関係を申し上げたい。さんざん週刊誌、写真週刊誌で報道された、島田さんが持っている大阪の不動産物件に関して、地上げだとか買収に山口組が絡んだという報道があった。みなさん目にしましたでしょう。

しかし、山口組は全くこの件には噛んでませんからね。売買の仲立ちをしたのは、銀行ですから。ある大阪の信託銀行がそれを仲介しているわけですから、全く嘘の報道です。おそらく、そのネタ元というのはさっきのどこかの関係者、大阪府警関係者かどうかわかりませんけれども、そういった姿の見えない関係者が、どうも喋ってるんじゃないのかなと思う。そういった真実さえも伝わらないという状況、この状況が非常に怖いというふうに考えていただいていいんじゃないか。

光市事件──脅威を感じる刑事裁判（本田）

本田　刑事弁護を担当していて、今のマスコミの状況はやはり異常だと思います。警察、県警に記者クラブが設置されていて、そこから得られたいろんな情報を、マスコミはおそらく検証することもなく、流しているんだろうと思います。警察情報の内容を記事にしなければ、どうも他社にはその警察情報の内容が記事になっているのに、その社が警察情報を取り上げず、弁護士情報をもとに違う記事になったりすると、警察から睨まれでもすることを、記者やマスコミの上層部が非常に気にしているのだと思います。

「光市事件」の関係では、私たちは、事件の詳細な事実を、何度も記者の方々に説明しました。しかし、当初、ほとんど我々が説明した事実は報道されませんでした。常に、その報道姿勢は遺族の方と、我々の二一人の弁護士および被告人という対立構造の中で、悲惨な遺族と極悪非道な少年を擁護する弁護士という構図に矮小化され、少年の訴えを排除する論理で報道されてきたいうのが現状でした。

先ほど青木さんからも話がありましたが、この少年は小学校の時代に入ったときから、実父の児童虐待を受け、そして、お母さんは実父からドメスティック・バイオレンスを受けて、お母さんとこの少年とが体を寄せあうように、添い寝をするような形で、ずっと生活し、そのお母さんが精神的に耐えられなかったのでしょう。中学に入って一年生のときに、首を吊って縊死されると悲惨な生育歴がありましたが、当所からその問題点が殆ど報道に取り上げられなかったのです。

お母さんに捨てられたという思い、その後もなお実父からずっと児童虐待を受け続けて、この事件の前の二日前だったですが、父親に包丁を頬に付けられるという形で、虐待を、脅威を受ける少年だったのです。二〇〇〇年に児童虐待防止法ができたと思いますが、そこには少年に対する保護とか支援とか謳われております。それ以前の段階から、国際的にも児童を保護しなければならないと謳われていたけれども、小学校時代から学校の先生も、少年が虐待を受けているということを知りつつ放置したままで、ずっと来たわけです。

そういう少年の生活歴を見たときに、このお母さんに対する思いというのは非常に強くて、これは言葉が妥当であったかどうかというのは別ですが、母子一体関係にあったという、母胎回帰的な言葉で、心理学者、犯罪心理学の専門家が分析されたことも、少年の言葉尻を捉えた荒唐無稽な話と非難されたのです。

最高裁の反対意見にもありましたが、精神鑑定の中では、少年が精神的に未熟な、専門的にいうと精神的退行状態の中で、この犯行が行われたと取り上げられました。

少年事件として家庭裁判所にかかったときに、少年の心理鑑定を行った鑑別所の技官も、この少年には犯行当時、精神的退行状態のもとに犯行が行われたと分析しているのです。精神的退行状態というのは幼児帰りのようなものですね。少年は被害者が一一ヶ月の乳児を抱いているのを見て、実母の姿を投影させ、幼児が母親に後ろから抱きつくことから事件がはじまったのです。当時、少年は、カッターナイフも持っていました。工事用のナイフですから、結構大きなものです。乳児を脅してお母さんに迫ることもできたはずですが、そのような行為は一切行っていないのです。

そういう経緯の中で、不幸にしてお二人の命がなくなる事件に発展したのです。証拠関係で見れば、少年が公判廷で供述した証拠と客観的な証拠は見事に一致しています。裁判所は死刑判決を出すために、「客観的証拠に合うような嘘をついた。だから、少年には全く反省がなくて、死刑が相当である」と。裁判とは証拠に基づいて事実を認定するものです。客観的な証拠に合う供述が嘘と言われたら真実の供述とは客観的証拠に合わないことになり、証拠に合わない供述が真実であることになり、裁判は証拠に基づかなくてよいことになります。

最高裁は揺るぎなく事実が認められると言いましたけれど、この判決文は、結局、客観的証拠に合わない供述が絶対正しいのだということを裁判所、しかも最高裁判所が書いているのです。世界の裁判所がこの判決文を見たときに、このような判決を書く裁判官はどんな人なんだと思われるでしょうか。人の供述、ことに少年の供述はそもそも信用できないというのが今日の刑事裁判の基本である中で、この供述こそ信用できるんだと堂々と判決文の中に書かれる。問題なのはその先で、そのおかしさを裁判官自身が気に留めもしないところに、今の刑事裁判に脅威を感じるのです。

先ほど法テラスの関係で弁護士の在野性が失われていく危険性をお話ししましたけれども、弁護士の刑事弁護活動が阻害されようとしている。その一翼にマスコミが大きな役割を果している危険性を、おそらく今日、ご出席の方々もそのことを実感されているのではないかと思えて、光市事件で実感したことを付け加えさせてもらいます。

新聞社、メディアを牛耳るものは誰だ（南丘）

南丘　日本新聞協会という新聞の全国組織があります。地方新聞も全部入っていて、そこで年一回、新聞大会が開かれます。30数年前だと思いますが、その新聞大会で「新聞のつくる世論が政治を正す」というスローガンが採択された。つまり、新聞社が「世論は俺達が作っているんだ」ということを恥も外聞もなく公言したわけです。国民各層に聞き取り調査をする、つまり世論調査の結果、この問題について、国民はこのような意見、考えを持っている、こうした調査結果を「世論」として新聞が発表するのではなく、新聞が自らの主張、意見を世論だと、言い募る、つまり世論を捏造していることを、正直に表明したんです。
新聞社なるものは、僕に言わせると、言論機関ではない。利益最優先の一般企業となんら変わることはない。要するに、いかに利益を上げるか、いかに部数を増やすか、を最優先にしている。そもそも何百万部もある新聞なんておかしいじゃないですか。かつてソ連の時代に「プラウダ」「イズベスチア」などは一千万部超えていたようで、今、中国では「人民日報」が相当な部数です。日本の大手新聞というのは何百万部も出ている。そのために巨額の設備投資をして印刷所を作り、売りまくる。「押し紙」とかいって、この間もどこかの新聞が摘発されていたようですけれども、新聞は自分たちの企業経営のために、世論を操作する。本来の健全なマスコミであれば、私は数十万部が適切だと思うんです。

新聞社の収入は購読料と広告収入です。部数競争は熾烈を極めています。「こんちわー」と言ってドアを開けて片足を突っ込んで、「こういう景品があるけど新聞取ってくれない?」と。こういうのが営業です。かつて新聞は「インテリが作って、やくざが売っている」といわれた時期もありました。もう一つは広告収入です。広告収入は当然ながらスポンサーの意向を受けるわけですから、スポンサーの言うことを聞かざるを得ない。広告を集めてくるのは電通、博報堂といった巨大な広告代理店です。この広告代理店はどこの影響受けるの? また僕が言うと、「あいつはアメリカのことばかり言っている」(笑)と言われるかもしれないけれども、実はアメリカの影響を受けているのです。

もうだいぶ前になりますけれども、文藝春秋社が「マルコポーロ」という月刊誌を出していました。それが突然廃刊になりました。今「WiLL」の編集長をやっている花田さんが当時の編集長でした。この「マルコポーロ」が、ナチスのガス室は無かったという記事を載せたんです。アメリカのユダヤ人団体が怒りを露わにし、圧力をかけたんですね。どこにかけたのか。日本の企業にです。大企業です、名前は出しませんけれども。そこに圧力をかけた。圧力を受けたその企業は広告代理店を通じて、文藝春秋社に対し、「わしらもう広告出さんよ」と。で、当時の社長、専務、編集長はどうしたか。廃刊! 廃刊に決めたんです。

要するにスポンサーの力って巨大なんです。小泉政権のときに郵政民営化選挙で自民党が大勝ちしました。あのときテレビ、新聞で、郵政民営化に反対したところはほとんどなかったです。ほとんどなかったんですよ。（会場から「共産党があったやないか！」の声）

まあ、それは一部ね。「月刊日本」は徹底して反対のキャンペーンを張りました。当時、郵政民営化反対の論者がテレビに出演していると、与党幹部がその人を番組から降ろすということもありました。当時の小泉政権はそういうことをやったんです。あの論者を下げろ、もうテレビに出すな。こういう圧力をかけられた人は何人もいます。

そして今日、暴排条例の問題。あるいは二〇年前の暴対法の問題、このときに堂々と憲法問題も含めて議論した新聞がありますか？　ないんですよ。先ほどから皆さんおっしゃっているように、暴排条例に関しては憲法違反の疑いがあるんです。あるけれども一社としてこの問題に関して、国民に議論を投げかけた新聞はない。つまり日本のマスコミはもう死んでいるんです。

だから田原さんの番組が潰されたっていうのも、結局そういうことじゃないですか。つまり、我々の目や耳で接しているメディアからは国民に真実を知らせていないということです。

ですから、さっき僕が冒頭で申し上げましたようにね、実は暴対法というのは日本国憲法と同じで、翻訳されたものですということを知っている方はほとんどいないです。僕ら、真実を知らないということなのです。

一般社会と暴力団が対決する構図（南丘）

戦前は暴力団という言葉は無かったんです。任侠ヤクザという言葉はあったが暴力団という言葉は無かった。昭和二四年、日本がまだ独立を回復していない時に、団体等規制令という勅令が下された。そのときに、日本社会を強靭にしている日本の組織、団体が全部潰された。その一つが任侠団体です。それまで任侠団体あるいはヤクザという言葉はあったが、暴力団という言葉は無かった。暴力団という言葉をつくったのはアメリカです。

この暴力団に対しては誰が対峙するのか。一般市民ではない。これは当然、暴力団は警察が取り締まりの対象とすべき団体、組織です。では、なぜ今度、暴力団が反社会的勢力と呼称を変えたのでしょうか。反社会的勢力という呼称にしたのは、俺達警察に代わって一般市民が暴力団に対峙しろ、彼らと正面と向き合うのは一般社会市民ですよ、警察は一歩退きますよ、これが反社会的勢力という呼称が生まれた理由なんです。

ですからさっき宮崎さんがおっしゃった官製デモというのが起こるわけです。警察が後ろから糸を引いて、民間人に暴力団反対デモを組織させ、暴力団と対峙させるという構造を作っているわけです。暴力団対警察が、一般市民対暴力団という構図に描き換えられたのが今回の暴排条例です。これ、平成二二年の警察白書に明確に出ているんです。今までは暴力団対警察という構図だったけれども、これからは一般社会が暴力団と対決するという構図に変わっていくんだと。一般市民を前面に出して、警察は引いたんです。

暴対法ができて二〇年間、暴力団がらみの事件が減ったのか。構成員が減ったのか。検挙できたのか。できてないんです。それならどうするか。彼らは一般市民を前面に立てるんです。僕はこれはおかしいと思います。警察が自分たちの役割を放棄している。

最近施行されている裁判員制度というのがあります。ちょっと皆さんの中で裁判員になられた方、手を挙げていただけます？　ない？　つまり、あの裁判員制度も憲法違反です。そうした議論は全く新聞では提起されなかったんです。なぜか。新聞各社は最高裁から広告代を貰っていたのです。

　友人のジャーナリスト魚住昭さんがこの問題を徹底して取材し、レポートをして実態を明らかにしていますけれども、一般の新聞は、これは扱っていません。テレビも扱っていません。最高裁の巨額な予算を新聞社が貰って、憲法違反の疑いのある裁判員制度の宣伝に務めていたのです。裁判員制度は実は憲法違反の疑いがあるんだ、そういう議論は一切、国民の皆さんに提示されなかった。最近、冤罪事件などで司法に対する国民の批判が高まってきた。市民、一般国民を裁判官にして、自らに対する批判をかわそうとしている、これも狙いの一つだと思います。

　アメリカの対日年次要望書を見れば、明確に分かることですが、アメリカは日本の司法改革を迫ってきている。弁護士をもっと増やせ、民事の弁護士を増やせ、と。アメリカの弁護士事務所を日本にも置かせろ。全部アメリカの要請なんです。何かあったらすぐ裁判……人間の信頼関係を失わせるじゃないですか。一人一人を孤立させ、対立させる、そんな訴訟社会は日本社会を脆くすることだと思う。

　僕らは唯々諾々とアメリカの要請に従い、こんな社会を作ってしまった、戦後六七年にわたって。こんな悲しいことないじゃないですか。一番大事な共同体や家族が失われて、餓死者が出る。障害者の子どもを持った親が死ぬと、障害者が食事をとれずに死んでいく。そういう新聞報道が溢れています。われわれはそういう社会を作ってきてしまったんです。お互いに助け合う、強きを挫き、弱きを助ける、仲間は手を繋いでやっていこうよという日本の伝統的な社会が、戦後、見事に潰されてきた、崩壊させられてきた結果です。

一体日本の社会はどうなっちゃったんだと、一体原因はどこにあるんだということを冷静に考え、議論して、今の日本の置かれている状況を一人一人がじっくりと考えてみる必要があると思います。このままだったら大変なことになります。

暴排条例が、東京は去年の一〇月一日施行されましたが、産経新聞が山口組六代目のインタビュー記事を載せました。それ以外に、どこの新聞もインタビューを載せたのを見たことがない。僕はそれ以降、敢えて稲川会理事長にインタビューして、顔写真も載せました。編集部でいろんな議論もあったけど、やるぞ、と。やっぱりこれはきちっとやらなきゃならないと。暴排条例反対の立場でインタビュー記事を掲載しました。

「この世に怖いものなし」と大物検察OB（青木）

青木　福岡の地元紙である西日本新聞というのは、かねてからいい新聞だなぁと思っているんですけど、今日の紙面を見たら、暴排条例絡みの記事が社会面に大きく出ていて、その脇に「なくせ暴力」というワッペンが付いている。ワッペンというのは新聞の業界用語で、長期のキャンペーン報道などの時につくる小さなタイトルカットのことですが、「なくせ暴力」なんていうワッペンを付けちゃったら、これはもう立場が決まっちゃう。せいぜい「暴排条例を考える」といった程度ならともかく、完全に警察の提灯持ちになってしまっている。

皆さんもメディアを批判されましたし、批判されても仕方ない面ばかりが目立つのですが、警察や検察といった組織は強大な権力を持っていて、非常に恐ろしい権力組織だということも忘れてはならないと思うんです。

数年前の話ですが、有力地方紙としては西日本新聞と並び称される北の雄・北海道新聞が、北海道警の組織的裏金づくりというのを暴きました。連日の大キャンペーン報道で警察組織の犯罪を告発したんです。非常にすばらしい調査報道で、最終的には北海道警も裏金作りを認めて謝罪し、一〇億円近いカネを国や北海道に返還するところまで追い込まれ、北海道新聞の取材チームは新聞協会賞や菊池寛賞といった賞を総なめにしたんですが、これに恨み骨髄の警察が北海道新聞に逆襲したわけですね。

どんな逆襲だったかというと、一つはネタをやらない。別に警察のネタなんてもらえなくたっていいじゃないかと私なんかは思うんだけど、古くから新聞、テレビというのは事件報道というのを異常なほど重視していますから、ネタがもらえないと干上がっちゃうんですね。それからもう一つ、警察が持っている強権を陰に陽に発動した。どんな会社だって不祥事の一つや二つありますからね、叩けば埃の出ない会社なんていない。北海道新聞でも社員の横領事件というのがあったんですが、北海道警は北海道新聞に対して、「でかい事件にするぞ」「役員室にもガサをかけるぞ」「役員も捜査対象にするぞ」という脅しをかけたようなんです。結局、北海道新聞はこの脅しに屈して、謝る必要もなかったキャンペーン報道のうちの一本の記事について「お詫び社告」というのを大々的に出して謝らされちゃった。その上、この裏金報道を手がけた取材チームのメンバーは次々に編集現場の中枢から外された。取材班のキャップを含め、幾人かは北海道新聞を退社しています。

警察もそうですし、検察もそうなんですが、これほどの力を持つ恐ろしい権力なんです。つい二、三日ほど前の話ですけれど、東京地検の特捜部長を務めたことのある大物検察ＯＢと会って話したんですけれど、彼はこう言ったんですね。「検察に怖いものは無いんだ」と。普通の人は誰でも怖いはずの国税、警察も怖くない、と。それから証券取引等監視委員会や公正取引委員会といった準捜査機関も怖くない。なぜ怖くないかというと、日本の刑事司法において人を刑事裁判にかける権限、つまり「公訴権」というのは、基本的に検察しか持っていない。国税だって、脱税事件を摘発しようと思ったら、検察官が起訴してくれなければはじまらないわけですね。警察もそうです。いくら捜査したって、検察官がオッケーしてくれなければ起訴できない。

そして、その大物検察ＯＢは「メディアも怖くない」と言ってました。警察もそうですけれど、検察もメディアにとっては重要な「ネタ元」です。その上、検察の場合は少数精鋭の組織ですから、情報統制や情報操作がしやすいわけです。中でも特捜検察が手がける事件は社会的注目度が高いですから、情報面で干上がらせてしまわれたらメディアはぐうの音も出ない。それから大物検察ＯＢはこうも言ってました。「政治家も怖くない」。叩けば埃の出ない政治家なんて一人もいませんから、政治家は検察が怖い。司法権の砦として検察をチェックすべき裁判所だって、現在は検察が起訴した際の有罪率が99％を超えています。

つまり、検察という強大な権力装置をチェックする機能がほとんどない。だから検察は、「はじめにストーリーありき」なんていう無茶な捜査をできるわけだし、大阪地検特捜部で起きた証拠改竄などというのは、その行き着く果てだったと思います。繰り返しますが、新聞やテレビといった大メディアには問題はもちろんたくさんあるんだけれども、やっぱり警察とか検察という権力機関はやはりものすごく強大で、非常に怖いんだっていうところは押さえておかねばならないと思います。

北九州の事態をどう見たらいい？（質問に答える）

岡田　これからは会場のみなさんからの質問に答えていきたいと思います。宮崎さんどうぞ。

宮崎　寄せられました質問書の中にこういう質問がありました。暴排条例、暴対法改正の問題点と危険性はわかるが、福岡県ではどうなっているのか。県民には歓迎する人も多いのではないか。建設会社など、堅気がターゲットにされる事件は枚挙にいとまがない、と。現に昨年一一月には射殺事件が起こっている。県警は工藤會、太州会の犯行とみているが、証拠は状況証拠しかないようだ。だが、多くの人は暴力団によるテロだと信じている。県警の捜査能力が落ちている今、法的に取り締まっていく以外にテロを止め、実行犯を逮捕する道はないのではないか。北九州における法規制以外の暴力団排除は可能なのか。北九州における議論を聞きたい、という質問が来ています。

私の方でこれに対しては答えたいと思います。

暴排条例や暴対法改正に対して、今、国民のアンケートを取ったら、圧倒的多数が賛成と答えるだろうと、こう思ってます。つまり、そういう状況下でいろんな事件が起こってきているわけです。それと警察の捜査能力の限界というものも目に見えています。しかしながら今やろうとしているこの暴排条例や暴対法改正で、そのことに歯止めが利くのかどうかという議論は一切なされないままに行なわれていることに、我々は疑問を呈しているわけです。

それともう一つは、これは僕の考えですけれど、すべて排除をしていくという論理の先に待っているものは、より暗い現実ということになっていくだろうと思います。

仮に暴対法や暴排条例を受けて、暴対法の改正がなされたとしたらですね、当然、いわゆる暴力団側としては今までの在り方、組織の在り方そのものを変えていかざるを得ないような状況に陥っていくだろうと。そうなればどうなるのかというと、それは、唯一、マフィア化していく道しかない、と思います。そうなってくると、さらに、捜査そのものも難しくなっていくだろう、と思います。いわゆる、イタチごっこを繰り返して今に至っているわけですけど、この悪い連鎖をどこで切るかというような発想を持たない限り、今のやり方では、より悪くなることはあっても、治安が改善していくとかいうことはまずあり得ないことだと思います。

それからもう一つ。被害者の側の問題なんですが。たとえば九州における被害者の問題について、射殺事件が仮にあったとしてですね、それにはそれなりの、僕は理由があったと思うんです。無闇やたらといわゆる無差別テロをやっているわけではないわけで、そこのところを、被害者は全く善であったというような形で理屈が組み立てられていっていること自体が、僕は非常に嫌だなと。仮にそうした事件があったら、なぜ、その事件が起こったのか、原因があるから結果があるわけであって、原因に対する究明がない。これはメディアの責任が多分にあるところなんですが、原因についてのアプローチがなく、今のような報道を繰り返しているということが、さらに悪い連鎖を広げていくことになるだけだろうと、僕はそういうふうに思っております。

ジャーナリストとお金の関係は？（質問に答える）

須田　つぎの質問です。質問の説明をしますと、テレビに出ているコメンテーターは、政党からお金をもらってその政党に対する有利なコメントをするのか、あるいは、その政党にとってプラスになるような対立政党の批判をするのかという質問です。加えて、麻生太郎さんの問題で、この方は、どうも強く疑問を感じられたらしくて、政権交代の前にメディアは一斉に……この「一斉に」というのが大事なんでしょうけど、一斉に首相の職にあった麻生さんをバッシングしたということを受けて、テレビやメディアが一定方向に振れている、その一定方向に振れている背景には金銭的なやり取りがあったのではないのか、というような質問です。

ここで並んでいる中で見ますと、コメンテーターというと私と青木さんぐらいしかいないので、この二人を見てそういう質問をされたのであれば非常に残念だなぁと（笑）、青木さんを見たら、とてもじゃないけど金もらっているような格好をしていませんからね、見なりが（笑）。はっきり申し上げるとですね、もらっているとも言えるし、もらっていないとも言えます。はっきり申し上げて、私とおそらく青木さんに関してだけ言うと、もらっていませんよね？

青木　政党からカネをもらって有利なコメントをするなんて、絶対にあり得ないです（笑）。

須田　私も政党および政治家からもらっておりません。我々はもらっていないんですが、ただ、我々、ジャーナリストの仕事というのは、いってみれば、取材をして情報を集めて、その情報を伝えると。その伝え方というのは、たとえば新聞だったり雑誌であったり書籍であったりテレビであったりあるいは講演会という形があるんですね。その対価として、原稿料をもらったり、書籍を出すと印税というのがもらえまして、テレビですと出演料というのがもらえます。講演会ですと講演料と。これは正当なビジネスというか、仕事の対価としてもらう代金なわけですね。

ところがその発注元が政党であったり政治家から来るケースも多いんですよ。特に政治ジャーナリズム、あるいは政治に関するコメントをしていると、政治家あるいは政党側から、講演会に出てくれないか、あるいは、何か原稿を書いてくれないか、という依頼が来ることは間違いなくあります。それに応えている人、その仕事をやっている人も、いないわけじゃないというよりも、かなり数多く、居るのではないかなというのが私の実感なんですね。

それに支払われた対価が、果してお金をもらっているというカテゴリーに入るのかどうなのか、これは皆さん方が個人的に判断していただきたいと思うんですが、私自身はそういった仕事は引き受けていませんが、それはジャーナリスト、あるいは記者の個別な判断が働いてきますから。

そういったお金をもらっていても、判断に誤りが出なければいいんだという人はそういうふうに行動すればいいと思うし、あるいは、正当な対価であっても、世間一般の相場でいったら、これはいかにも過剰であろうということであるならば、それは断られればいいというような点に関しては、私に言わせれば個人の問題ではないのかなと思います。

しかし、金をもらっていなくても、特定政党に対する有利な、外野から見てちょっと持ちあげすぎじゃないかというような意見を言う人もいるでしょうし。たとえば麻生さんのケースはどうだったのかということを申し上げると、これも本当に我々マスコミは反省しなければならないところなんですが、だいたいマスコミというのは持ちあげといて落とすものなんですね。

人気者であるとか、あるいは権力者であるとか、そういった人に対して批判をするというのがやっぱり一番受けるんですよ。ですから、時の総理の、あるいは時の実力者、権力者の批判というのが、やっぱり一番ニーズとしては高い部分があってですね、やっぱりそこを意識的に強くやってしまう傾向はあるんですね。

ですからそこは、ほんとにニュートラルなのかどうなのかというところは、やっぱり反省すべきところとしてあるのではないか。ともすると、そういった一方方向に振れる、あるいは、ちょっと過剰とも思えるようなそういった批判がもしあったとするならば……まぁあったんでしょうけどね、やっぱりそれはメディアが反省すべきところでしょう。

ここで頭の中にちょっと入れておいていただきたいのは、必ずしもメディアの報道であるとか、あるいはコメンテーター含めて、その発言者の発言内容というのは、公平、公正ではない、ニュートラルでは決してないということなんですよ。どちらかというと必ずどっちかの方かに振れている。そういったことをやっぱり頭の片隅に入れて、そういったものを受けとめる、報道内容を吟味するという、皆さん自身がそういう認識をぜひ持っていただきたいなと思います。

青木　重要な点なので付け加えさせていただくと、フリーランスの立場でジャーナリズムに関わる私たちのような人間にとって、お金というのは非常に機微な問題です。須田さんも私もそういうことが一切ないので言うんですけれども、取材先からカネをもらって記事やコメントの内容に手心を加えたり、取材で得た情報を記事などとして発表する以外の方法でカネに換えるような行為は、絶対タブーといっていいくらいにやってはいけないことです。業界では「ブラック・ジャーナリスト」などという言葉を使うんですが、これは私たちのような仕事をする人間に対する最大級の侮蔑語です。

もっと言えば、原稿料や書籍印税、出演料や講演料といった正当な対価以外のカネを取材先の団体や企業からカネをもらったら、これは基本的にアウトだと私は思っています。ただ、おかしな人たちというのは意外とたくさんいるんです。たとえば、一部のジャーナリストや評論家、コメンテーターなどの中にはＣＭに出ている人がいる。私の中の基本的な価値判断では、ＣＭに出た瞬間、ジャーナリスト、評論家、コメンテーターとしてはアウトだと私は考えています。

たとえば最近、福島原発事故の絡みで、ある女性経済評論家のことを私は批判しました。彼女は電力会社のCMに出演して原発を宣伝していたんですね。原発は安全で、経済効率もいいというような内容でした。その主張の是非はともかく、「経済評論家」を名乗る人間としては、決定的に失格だと思う。「評論」とは、対象と一定の距離をきちんと置いてこそ信用性が担保されるものでしょう。ところが、巨額のギャラをもらって電力会社のCMに出た人が、原発について云々と評論しても、信用できるはずがない。しかも彼女は、福島第一原発の事故後、「放射能が過剰に危険視されているところに問題がある」「津波はたくさんの死者が出たけど、原発事故で誰か死にましたか？」などと言い放っているんです。そんな人間を私は一切信用しないし、信用すべきじゃないと思う。

余談ですが、その「女性評論家」は原発事故後、随分と批判されて謝罪したんですが、今度は電気自動車の有用性について自分のブログでつらつらと書き綴っているんですね。ちょっと調べてみたら、その電気自動車もメーカーから無料提供を受けている。これが「経済評論家」だっていうんですよ(笑)。ご質問にあったように、政党からカネをもらって、その政党に有利なコメントをするというのと、おんなじことじゃないですか。だから私は、そういう連中を「ブラック評論家」じゃないかと思っている。

残念ながら、いまの日本のメディア業界には、そういう人がたくさんいるのも事実なんです。だから、メディアの受け手でもある皆さんのお一人、お一人が、ご自身できちんと判断して評価していただくしかないと思います。

「おにぎり事件」が意味するものは？（質問に答える）

スタッフ　あらかじめ事務局のほうに届いた質問をご紹介させていただきます。「おにぎり会」に関する質問です。おにぎり会というのは県内の建設業者約七〇社ほどで作っている団体です。この会に参加していた業者のうち、暴力団との関係が深いとされた九社の社名が県警のホームページなどで公表されました。公表された業者の多くが、銀行などから取引を停止されたそうです。事実上の倒産に追い込まれた会社もあったそうです。これが「おにぎり事件」と言われている事件なんですけど、この事件に見られるように、公表された業者、それとその周辺の人々というのは、公表によって不利益を受けます。この不利益はとてもはかり知れません。このことを考えると、公表というのは実質的には刑罰となっているように思える、と。けれども、警察は公表を法律でも条例でもなく、協定に基づいて行っているとのことです。この公表という行為は、憲法や法律に違反しているのではないでしょうか、というのがこの方の質問です。

それともう一つ、同じように条例は全国で制定されています。けれども東京に比べて福岡は公表の数が多いように感じられます。運用の仕方に何か問題があるのではないでしょうか、というのが、この方の質問です。

本田　暴排条例の一番問題なのは、市民の方に、どういう行為をしてはならないという、明確な犯罪行為を規定する必要があるのに、これは単なる道徳的な義務、責務、努力義務を超えた形で、その上で相当な罰則を科す必要があるのです。

憲法では三つの義務ですよね。納税、職業・就労の義務、それから教育の義務っていう、義務しか規定していないのですが、この条例等によって不明確な形で行為が規定され、罰則が科されることが問題です。

ところで、社名の公表は刑罰とは違って、県条例、公安委員会は、たとえば、暴力団、暴力団員等に対し財産上の利益を供与した行為の疑いがある者に対し、説明又は資料の提出を求め、その行為を認めたときは、行為の中止、勧告できるとし、正当な理由なく勧告に従わなかったときは、公表できると規定する。

この社名の公表はおそらく罰則、刑罰を受けるより相当大きな影響があると思われるのに、警察行政の一翼を担う公安委員会の裁量で勧告や公表の措置を行うことになっているのですが、この公安委員会の審査は、私が担当した事件では、時間的には極めて短時間に、相当多数の件数を審査することになり、たとえば警備業の許可を取り消すとか、いろんなものがあるのです。そういう中に今言われた、条例の社名の公表も入ってきて、そこで裁決していくのですが、数十件も事実に当たって審査するなんてできるはずがないのです。

勿論意見を述べる機会がありますが、実態は、担当警察官がその行為について、「こういうことがありました、だから何々に違反しています」「その結果、はい、こういうふうにしたいんですが」と意見が述べられ、「それで結構です」と言って決まってしまう。ひとつも事実関係を精査する時間すらないのが実態です。

違反行為自体が曖昧で、実質は、それを担当警察官の判断にゆだねる形で社名の公表ができるというのは非常に怖いことで、県条例で規定されたことは、ますます警察国家に近ずくものと言えます。

それだけでなく、警察は、種々の社会活動、経済活動について、警察許可という権力を行使できる体制になっていて、これが非常に強大な権力構造、利益を生む要素にもなっているのです。

そのうえ、勧告、公表手続きについては、意見を述べることはできますが、不服申し立て手続きがそもそも規定にありませんから、一方的に警察の恣意的な判断でされることがますます強大な権力を持たせることになり、今回の暴排条例の根拠となります。

また、公安委員会の裁決による社名の公表ということではありませんが、これらの情報が実質的に警察情報としてマスコミの一部に流れて、一般市民から見たらその事業者が暴力団と付き合いがある、その資金源になっている、というようなマスコミ報道がされる危険性もあります。

実際に警察情報がマスコミに流れたと思われる事案がここ小倉の地で起こり、裁判が提起された事例があります。

社名の公表に関してどのように対処すべきか、それが不当なものであれば、法的な形としては国家賠償を求めることになりますが、なかなか困難ですので、相当厳しい目で、警察、公安委員会の不当な措置を監視する必要があり、不当な処分には、法的措置をとっていかなければならないと考えています。

それと、暴力団員ということで、警察は資料を作っております。この人は暴力団員である、あるいは、暴力団と密接関係者、準構成員であるという情報を作成しているのですが、何を根拠にしているのか、その個人や企業にはわかりませんし、これが民暴委員会や消費者対策委員会の弁護士には情報が提供され、その他の社会的場面で活用され、社会生活の場面で、大きな影響を与えることになります。

たとえば、企業取引先に警察情報が提供されると、企業活動にも影響し、また、刑務所では受刑者に発信の権利が保障されていますが、二十人の人と信書の発受をできることになっているのに、警察情報によって受刑者との接触が更生にならないということで、発受を禁止することもおこっています。

このように警察権力が社会生活の隅々にまでいろんな形で影響を及ぼしているのが現状でして、今回の暴排条例、暴対法改正問題は、反社会的勢力という曖昧な概念を作り、警察の恣意的な権力の行使を許すことになり、厳しい眼で監視する必要があるし、我々弁護士も必要があれば、法的に闘っていく必要があると考えています、

社名の公表が東京に比べて福岡が多いということですが、警察権力の濫用が懸念されるとしかお答えできないんですが、厳しい眼で監視する必要があることを十分ご承知いただきたいと思います。

「裁量性が高い」ということの意味は？（質問に答える）

須田　おにぎり会の件で、技術的な部分をフォローさせていただきたいんですが。

公表をもってして、銀行は取引を停止しません。銀行がどういう形で取引停止に結びついていくのか。これはあくまでも密接交際者、つまり、暴力団組員だとか暴力団の組織ということではなくて、通常の密接交際者という、つまり堅気の方だという前提で話をします。

暴排条例に基づいて、銀行には暴排条項というのが取引契約書の中に盛り込んでいるわけなんです。密接交際者であるということが認定されると、じゃあどういう形で暴排条項が適用されていくのか。

これは二つあります。一つは当座預金の解約。これは企業にとってみると商業手形の振り出しがで

きませんから、商業手形を出すことができません。これは死活問題に発展します。二点目は、融資に関する期限の利益の喪失。簡単に噛み砕いて言ってしまうと、要するにお金を貸しているのであれば、一括して返済しなさい。一括して、今すぐ返済しなさい、ということが求められます。これをやられると、通常の企業は一遍にお金なんか返せませんから、担保権というのが行使されて、いわゆる担保に押さえられている土地、屋敷であるとか、工場の売却が行われるということで、これも企業の倒産に結びついていくということなんですね。

じゃあ、銀行はどういう形で暴排条項を適用するのか。最終的な結論を出すのは当該の都道府県警です。当該の都道府県警に問い合わせて、この企業は、あるいはこの企業経営者は密接交際者ですか、という問い合わせを必ずします。これは裏でやるんですけど。それに対して、その通りです、あるいは、密接交際者ですという返事が、口答や書面交付という形で行われます。それで、先ほど申し上げた暴排条項適用という形になるわけです。私が冒頭申し上げた、非常に裁量性の高い暴排条例によって、いつ何時、被害者になるかもわかりませんよというのは、実はここなんですね。

つまり、密接交際者になるための資格要件、基準というのは非常に曖昧なんです。一回、飯を食いに行った。一回一緒に旅行に行った。グループで旅行に行った中に暴力団組員がいた、なんてことで、場合によっては密接交際者認定されてしまう。それを県警サイド、府警サイドが認定して、銀行が問い合わせて、その通りですと言ったら、もう即座に、今申し上げた暴排条項適用になって銀行取引が停止になる。

ここが一番の問題点なんですね。手続き上はこういう形で行われるということをぜひ、頭の中に入れておいていただきたいと思います。

青木　規定が曖昧で裁量性が高いということは、逆に言うと、過剰反応が誘発されてしまうんですね。警察の意向を忖度し、規定を拡大解釈し、民間の側で過剰な自己規制が行われてしまう。個人情報保護法の時もそうでしたが、そこに警察側の狙いがあるのではないか、とすら訝ってしまいます。

たとえば、私の知りあいのヤクザの親分なんかは、バブルまっ盛りのときに銀行から「お願いですからカードローンのカードを作って下さい」ってお願いしてきて、「こんなの要らないから作りたくないよ」って断ったんだけど、ノルマをこなしたい銀行の担当者が「お願いします、お願いします」と言うので「しょうがないな、わかった、作ってやるよ」って言って、カードをつくったそうなんです。結局は一回も使ってなかったんだけど、暴排条例できたら突然、銀行が連絡をしてきて「全部解約してください」って言われたそうです。別のヤクザの親分は、銀行口座を解約されてしまったそうです。その人がおっしゃっていたのが、子どもの学費なんかも振り込めなくなってしまったと。そうすると、手で持っていくしかない。「何で手で持ってくるんですか」と言われ、「いやいや、銀行が」なんて説明すれば、その人の身分までわかってしまうという。そういう過剰反応というか、過剰委縮反応が起きるんです。裁量性が高すぎるが故に。

警察がそれを狙っているフシがあると申し上げましたが、実際にそういう動きもあります。九州での話ですが、あるヤクザの親分がゴルフ場でゴルフをしただけで詐欺罪に問われている事件が起きています。もちろんちゃんとプレー代を払い、実名でゴルフをしたんだけど、自らの身分を明かさなかったと。別に訊かれなかったから明かさなかっただけなのに、身分を偽ってゴルフをしたから詐欺だというんです。かつてなら左翼団体に適用されたような超微罪逮捕が、ヤクザを狙って駆使されている面もある。

で、これは宮崎さんに話していただくと一番いいんでしょうけれども、裁量性が高い故に、警察はもっととんでもないことができてしまう可能性がある。たとえば、同じ業界で警察の天下りを受け入れていると会社と受け入れてない会社があった場合、どうなるか。警察が恣意的に天下りを受けていないところをいじめることだってできちゃうんです。となれば、各社とも競って天下りを受け入れるようになるでしょう。そういう問題もこれから起きてくる恐れがある。裁量性が非常に高いというか、条項があまりにも曖昧すぎるから、そういう懸念も拭えないんです。

たとえば、田原さんも前にお話されていましたけれど、文房具屋さんがボールペン一〇〇本をヤクザに売ったらダメだけれど、じゃあ何本ならいいのか。暴力団が会合やっているところに、仕出し屋さんが弁当を配達すると。で、五個だったらいいのか、一〇個だったらいいのか、一〇〇個だったらダメなのか。そこら辺が全部警察の裁量、警察の掌の中にある。

これほど曖昧で巨大な裁量権を警察に与えてしまっていいのか、という問題は、特に暴力団排除条例を考えるときに、非常に大きなところだなと思います。

「漠然故の無効」という理論（岡田）

宮崎　その裁量権の問題が、実は利権とつながっていく構造と裏腹の関係だろうと思うんです。

ずいぶん昔ですが、いわゆる特殊株主、総会屋の締め出しということがあった。そのときに企業が総会屋対策をする部門、総務に多いわけですが、そこに天下りを採れというふうになった。ところが中には、警察官の天下りなんていうのは使い道がないということで断ったところもある。断ったところは、上場会社なんですけれども、総会屋との関係があるということを公表された、という事件があった。

そのときの総会屋対策の法律は、商法改正ということでやられたんですが、ものすごく変な法律でしてね。今まで付き合ってたことはいいが、これからは総会屋とつきあったらダメですよという法律改正です。今まで付き合ってきたことは罪を問わないということになってホッとしたが、これからどうしたらいいかと企業は考えた。どういうシステムを作っていくのか。その中で、天下り問題がドドッと出てきたということがありました。

問題は、この法律に違反しているかどうかを決めるのは、裁判所ではなくて警察だったということ。警察が決めて処罰したり公表したりしたということがあった。現実的には法の運用というのは、青木さんの言葉を借りれば、警察の恣意的な判断によって行われて、曖昧にやられるために、そこにおかしな構造、つまり利権の構造ができていく。言うことをきかない業者、これは有名なスーパーマーケットの業者だったんですが、天下りを拒否したことでやられるという、そういう事件がありました。

そのような露骨な形が、この暴排条例以降はより広範囲にわたって、より生活の細部にわたってまで、行われてくるだろうという予感があります。

公表と勧告と処罰、この暴排条例上の一定の流れがあるわけです。まず最初に勧告をして、言うことを聞かなかったら公表をして、それでも言うことを聞かなかったら刑事罰を問うという流れです。勧告と公表に関しては当事者は抗弁権を持っていない。抗弁する権限が手続き上明らかになっていない。これは法としては非常にいびつだと思う。実態としては刑事罰以上のダメージを受ける。刑事罰を受けるのに抗弁権が奪われている。こういう法はほとんど考えられないような悪法だということです。

近代法の根本にある精神・原理みたいなものが、条例といういってみればマイナーな法律によってどんどん壊されていっている。そこで岡田さんはメルトダウンという言葉を使われたわけですが、まさにそのような実態になっています。

身柄を拘束したり財産を取り上げたりするということに関しては、かなり厳密な法律的な規定が必要なんだけれども、あえてそこを曖昧にしているというのが今回の法の特徴なんじゃないかなと思います。

岡田 今の点を補足しますと、憲法の理論で、「漠然故の無効」という理論があります。漠然なことを決めたら、さまざまな過剰反応が起きたり、権限の濫用があるから、そういう規定はそもそも無効なんだという理論です。

※注 「漠然故に無効の理論」 刑罰法規が漠然不明確であれば、表現行為の萎縮を引き起こしてしまう。そこで、行政の恣意的な裁量権を制限するため、原則として法規それ自体が無効であるとする憲法上の原則。

ところが、日本の官僚というのはこの「漠然故の無効」というのはほとんど意識していない。それはなぜかというと、そういう曖昧な条文を作ったって裁判官がきちっと制限してくれるからいいじゃないかという考えなんだ。やっぱり官に対する信頼というのがすごくあるわけです。しかし、それはおかしいだろうというのが僕らの今の考え方です。

司会 会場の中の若い世代から、こういう質問があります。「宮崎さんは陪審員裁判には反対なんですか。裁判は世論から影響を受けやすいと思っていると言われていたので、質問いたします」

宮崎 反対です。なぜかと言うと、僕は被告人の立場ということを連想する人間ですから、素人に死刑とか言われたらたまらんだろうというのが一つあります。最低限、やっぱり法律のプロが議論した中で出た結論であれば、それは甘受をせざるをえないところがあるかもしれないんですけれども、素人にどうだこうだと言われるのは、やっぱりシステムとして、僕は認められないという立場です。

勇気ある決断に拍手！

岡田　最後に私から。これは会場から寄せられたものです。質問ではなく意見として紹介します。――いかがなものかと考えられる方もおられるかもしれません。意見は、「警察権力を弱体化させる方法は、税金を収めないことにあるんじゃないでしょうか」です（笑）。

これは一つの意見でございますので、ご紹介しておきます。

さて、個人が警察、あるいは大きなメディアに対して裁判を起こすというのは大変なことです。僕らも長年やってきましたけど、「裁判をやったらいいじゃない」「やりましょう」と言うけれど、翌日電話がかかってきて、「やっぱり止めます」「なぜ？」「やっぱり警察が怖い」。

それから、「私はいいんですけれども、私の親とか兄弟が、特に私の兄弟は公務員なんです。こういう裁判を起こすといじめられちゃうんです。だから仕方ないから止めます」と。そういう方がほとんどです。

ところが今回、この北九州で、某新聞社と県警を相手どって名誉毀損による損害賠償請求の裁判を起こされた方がいます。現に警察の方から、「静かにしていた方がいいんじゃないか」「こういう裁判を起こすとまた睨まれるよ」「提訴は弁護士にそそのかされたんだろう」と（笑）、そう言われる。しかし、その方は「いいえ。私はこの裁判をやっていかないと、胸を張って歩けません」とおっしゃる。そういう形で裁判を起こされていた女性が今日、来られています。ただ、カメラとかはご容赦願いたい。ここに来るだけでもすごいことだと思うんですよ。僕も自分に置きかえてみて、自分だったらやれるかなと思うと、なかなか怖い。原告の方、一言だけご挨拶してください。

原告　ご支援のほど、よろしくお願いします。

岡田　はい、ありがとうございました（拍手）。原告の女性は、この前、家の近くを歩いていたらタクシーが通って、その中から望遠カメラで自分のところを撮っていたということがあったそうです。やはり、怖い。しかし怖いと言いながらも、裁判を続けていくというのは、僭越ですけれど、すごいと、そう僕は思っています。

つたない司会でしたけれども、今日、たくさんの方にご参集いただきましてありがとうございました。ここ北九州でこの集会を開けたことは、やはり意義は大きいと思います。実はインターネットでこの集会のことを告知していたんですが、群馬県とかそういうところからもアクセスがあったみたいです。この集会はインターネット中継されておりますので、この暴排条例、あるいは国会で審議中の暴対法改正問題、これについて、まったく何の疑問もなく改正されていいものかどうか。暴対法に対する疑問は、やはり今後の日本のことを考えると重要な問題があると思いますので、今日の議論が少しでも皆さん方の心に届いたらいいなと思っております。（拍手）

●岡田基志（おかだ・もとし）
一九五〇年熊本県生まれ。七七年弁護士登録。福岡県弁護士会所属。「十年くらい前にラジオパーソナリティーの珍経験があります」

●田原総一朗（たはら・そういちろう）
一九三四年滋賀県生まれ。六四年に東京12チャンネル（現テレビ東京）に開局とともに入社、七七年にフリーに。テレビ朝日系『朝まで生テレビ！』『サンデープロジェクト』などの司会で注目される。近著に『大転換「BOP」ビジネスの新潮流』（潮出版社）など多数。

●宮崎学（みやざき・まなぶ）
一九四五年京都生まれ。『突破者』（現在は新潮文庫所収）でデビュー。近著に『「自己啓発病」社会』（祥伝社新書）、『世界を語る言葉を求めて』（辻井喬氏との対談・毎日新聞社）など多数。

●須田慎一郎（すだ・しんいちろう）
一九六一年東京生まれ。経済紙の記者を経てフリーに。「夕刊フジ」「週刊ポスト」「週刊新潮」などでの執筆のほか「ビートたけしのTVタックル（テレビ朝日）などテレビやラジオの出演も多数。

●南丘喜八郎（みなみおか・きはちろう）
一九四五年和歌山県生まれ。ラジオ放送局のアール・エフ・ラジオ日本勤務を経て出版社K&Kプレスを創設、『月刊日本』主幹に就任。『ムネオの闘い』（鈴木宗男著）などの出版も手がける。

●本田兆司（ほんだ・ちょうじ）
一九四六年京都市生まれ。七七年四月広島弁護士会に弁護士登録。

●青木理（あおき・おさむ）
一九六六年長野県生まれ。通信社記者を経て二〇〇六年からフリー。『日本の公安警察』（講談社現代新書）、『絞首刑』（講談社）など著書多数。近著は『トラオ』（小学館）。テレビ朝日『モーニングバード！』コメンテーターやTBSラジオ『dig』パーソナリティなども務める。

資料1　暴力団対策法について

暴対法の概要

① 平成三年に暴力団対策法（暴力団員による不当な行為の防止等に関する法律）が制定され，暴力団のうち、資金獲得のために威力を利用することを構成員に容認するなどの要件に該当するものが、都道府県公安委員会によって指定暴力団として指定され、指定暴力団員が行う不当な行為が規制されることとなった。

② 本年一月、警察庁は、暴対法の改正骨子案（第五次改正）をまとめた報告書を提出し、今通常国会で法案成立を目指している。改正案の骨子は次のとおり。

■暴対法の改正骨子案（要点）

『特定抗争指定暴力団』、『特定危険指定暴力団』の指定	特に危険な暴力行為をしたり、対立抗争状態にある指定暴力団を、期間を定めて都道府県公安委員会が指定する。
不当要求に対する規制の強化	事業者への暴力的要求行為の類型追加や、公共事業からの排除規定を創設する。
事務所の使用差し止め請求制度の導入	都道府県の暴追センターが住民に代わり、暴力団事務所の使用差し止めを請求できる。
直罰規定の導入	特定危険指定暴力団が暴力的要求行為をした場合、命令を待たずに直ちに処罰できる。
罰則の強化	現行の「一年以下の懲役か一〇〇万円以下の罰金」から「三年以下の懲役か五〇〇万円以下の罰金」に引き上げる。

（週刊「東洋経済」二〇一二年一月二八日号を参考）

資料2　暴対法肯定の論理

「暴力団排除の論理への反論と再反論」

警察庁暴力団排除対策官　松坂規生氏

（ぎょうせい刊「法律のひろば」平成二四年二月号掲載論文「暴力団排除活動の動向」の抜粋）

社会のあらゆる経済活動から暴力団や暴力団員を排除していこうとしたとき、必ずといってよいほど出てくるのが、これらが暴力団や暴力団員に対する不当な差別であるという反論である。

しかしながら、暴力団や暴力団員に対する不利益な取扱いについては既にいくつもの裁判が起こされ、暴力団員に対する不利益な取扱いは許されるとする判決が下ったものが少なくない。…（略）…

また、最近における暴力団事務所の撤去を巡る下級審の決定では、何ら落ち度のない周辺住民の平穏な日常生活を送る権利を犠牲にしてまで、暴力団員の居住移転の自由を保護する合理的な理由はないとするものなどがあり、およそ暴力団であることを理由として様々な場面において差別的な取扱いをすることには合理的な理由があるとするのが確定した裁判所の判断であるといえる。

少々乱暴な要約をすれば、暴力団員である以上不利益な取扱いをされてもやむを得ない、それが嫌ならば暴力団を辞めればいい、というのが今の社会における基本的な考え方となっているということであり、暴力団の排除が暴力団に対する不当な差別であるとの論理がまったく受け入れられるものではないことはこうした判例からも明らかである。

以上。

資料3 「暴力団と人権－暴力団規制は憲法上どこまで可能なのか」（抜粋）

様々に形を変えて発生するこれまでにない治安事象に対して、柔軟かつ的確に対応することを目的として設立された「警察政策学会」の学会誌「警察政策　第一三・（二〇一一）」において、橋本基弘中央大学法学部長は、「暴力団と人権－暴力団規制は憲法上どこまで可能なのか」との基調講演で、憲法の問題として暴力団対策を考察している。
この基調講演において、橋本教授は次の指摘をしている。

「暴力団についての記事が掲載されている雑誌や図書を有害図書として指定することができるのだろうかという問題がございます。実際、福岡県は暴力団を美化するような記事が掲載されているとして雑誌数誌を有害図書に指定して、コンビニ等で一般書籍とは違うコーナーに置くことを決定しております（読売新聞二〇一〇年六月二六日）。暴力団排除において福岡県が今置かれているその地位、状況というのをあわせて考えなければなりませんが、他にやりようがあるのかもしれません。有害図書というのは一般的には性表現に対して規定されるというのはこれまでの通例でございました。これを超えて、暴力団情報に対して有害図書の認定をするということは、やり方としてはどうなのかという問題がある。暴力団を礼賛するような情報に対しては何よりもカウンタースピーチで、それに対する対抗言論でもって対処するというのが第一義的なやり方なのではないかというふうな批判も十分可能です。したがいまして、暴力団情報というのを隠すというのではなくて、暴力団情報に対しては正面から対抗していくというようなやり方があるいは必要になってくる、それが恐らく憲法上は最も正統なやり方なのではないでしょうか。」

＊注　傍線は引用者。

資料4　利権問題としての暴対法改正

1　平成二三年度の警察職員の定員は総数二九万余である（平成二三年度「警察白書」）。左翼・反共運動の衰退による公安部門の必要性低下やカルト教問題も鎮静化していることを考慮すれば、いかにも過剰人員である。しかし、減員の気配はまったくない。そもそも、一旦膨張した官僚組織が自ら減員をしたためしがない。このことは、行政改革が遅々として進まないことからも明らかである。

2　最近ではこれが**コンプライアンス利権**の確保という様相を呈している。最近の実態を見ても、警察出身者を役員で迎え入れた上場企業が多数存在する。

週刊東洋経済によれば、

「キャリア出身なら警察当職がどう動いているか、刑事などノンキャリなら所轄署の所属警察署の誰に聞けばわかるか、ツボを知っている。公務員の守秘義務はあるが、何だかんだいって結局、情報は人間の頭の中にあるから」。中堅企業の総務部長は警察ＯＢを受け入れる効用を説く。国家公務員の天下り禁止は原則二年間。世論の批判はあれ、それを上回る費用対効果が企業側にはあるのだ。

ある芸能事務所は元警視総監を法律顧問で迎え、大手レジャーランドが地元県警ら数十人のＯＢを採用しているのは有名な話。団塊世代の大量退職を迎える中、暴力団対策は、**『警察にとっても雇用対策』**（警視庁二課ＯＢ）、という側面があることも見逃せない。

とのことである。

資料5　日本の警察の問題点－日本弁護士連合会編「検証　日本の警察」から

＊引用者注

警察活動が民間団体に及ぼす影響（力）を考えることは、本件の暴対法問題を考える上でも極めて重要である。警察の権限は広汎で、場合によっては深刻な人権侵害をもたらす危険性が指摘されている（日本評論社刊、日本弁護士連合会編「検証　日本の警察」、以下、「検証本」という）。

この「検証本」は、警察と防犯協会等の民間団体との関係を実証的に分析した文献であるが、その概要を述べると、警察、ことに防犯保安警察は、防犯協会などの民間団体を通じて、あるいは自ら、コンビニ店等に対して防犯講習、防犯診断その他の防犯対策活動の指導を行っている。そればかりか、警察に対するコントロール潜脱のために民間団体が動員される例も報告されている。警察が民間団体を自らの補助機関化している実態が存在しているのである。

記

①　現在、警察の活動は市民生活のさまざまな分野、場面に関与、介入している。そして、警察権限の拡大は、主として「防犯保安警察」の分野でなされている。防犯保安警察とは、「盗犯の予防、少年非行、高齢者対策、風俗営業、健康、経済取引等広く一般の市民生活に関わる分野を主として対象とする分野であり、その意味から、防犯以外の警察諸部門が一般の市民生活と点、あるいはせいぜい線で接触する分野であるのに対して、いわば市民生活と日常的に面で接触する分野」といわれている（「検証本」四五二頁〜）。

②　そして、警察は市民の中に協力団体を組織し、あるいは既存団体を育成・指導・援助しながら協力関係を築き上げるという手法を重要な手段として採用している。このこと自体に問題はないが、場合によっては、警察がこれら民間団体を自らの補助機関化している実態が存在し、警察と民間団体の協力がもたらす〈功罪〉も指摘されている。

③　この民間団体の警察補助機関化の実態を具体的に述べると次のとおりである（「検証本」の主として三八二頁〜）。

ア　実情

a　最近では、犯罪の被害を受けやすい業種、犯罪のために利用されやすい業種を中心として、「職域防犯団体」が組織され、コンビニエンスストア等の深夜営業店の現代型業種に広がっている。

b　警察はこれら民間団体による地域安全活動（防犯等）の効果を評価している。しかし、住民の自主的な活動というにはほど遠く、警察の補助機関化しているといわざるを得ない現状にある。「防犯協会」や「交通安全協会」の多くは警察署内に存在し、会合場所なども警察の施設が提供される。

イ　警察による民間団体からの一部市民の排除

またこれらの団体への参加につき、警察が一部市民を排除（日本共産党関係者等）した事例も公表されており、警察が防犯協会、防犯連絡所の人事を当然のように左右できることを示している。

ウ　コントロール潜脱のための民間団体の利用

警察に対するコントロールを免れるため民間団体が動員されることがある。いわゆるブルセラショップの例を取ると、警察は、罪刑法定主義の原則によりコントロールされていることから、古物営業許可を受けたこのような店舗を直接取り締まることができない。このような場合警察としては前面に出ることはなく、陰で民間団体に情報を提供し、これをたきつけ住民運動を起こさせて、社会的圧力をかけるという手法を採る。取締権限のない分野につき、民間団体を動員し、実質上取り締まったのと同様の効果を達成するのである。

④　**防犯保安警察の問題点**として次の点が指摘されている。

どのような事象を規制の対象にするか、どのような手法をもちいて規制にあたるか、強制捜査権限をいつ発動するかなど、判断がすべて警察に委ねられている。規制の反面、発生する権利制限が相当なものか、そうしたことを客観的に審査し判断するシステムは何も存在しない。すべて警察によるその時々の判断に委ねられる（「検証本」四五六頁〜）。

以下、項目的に指摘するだけでも問題点が浮き彫りとなるので、問題点とされる事項を簡略に挙げておく。

ア　無限定な規制対象

イ　無限定な規制手段・方法

ウ　犯罪捜査としての強制力を背景とした事実上の強制
エ　本来の行政のあり方や発展が歪められて行くこと等
オ　**住民自治形成に対する阻害**
（安易な警察依存の市民意識にも問題はあるが、警察が積極的に登場すればするほど、本来の住民の自治的解決能力の形成が後退する面）
カ　逸脱・違法行為に対する救済手段の不存在
（これらの活動は、明確な権限規定に基づくものではない。警察は、むしろ、権限規定がないことをもって、柔軟で多様な手段を用いることができることの根拠としているほどである。従って、市民の基本的人権を侵害するような違法、不当な活動が行われた場合でも、これを争う方法がないという事態が生じ得る。）

以上。

第二部

暴排条例の現実と暴対法改訂の「いま」を見抜く

■宮崎学のインタビュー

早川忠孝（弁護士）

「早川忠孝ブログ」に注目／警察庁主導で条例が作られる異例な流れ／国会議員の議論が足りない／過剰な規制国家にならないためのチェックが必要／「暴力団を抜けろ」と言っても抜けさせられない／新たな犯罪の温床を残してしまうのでは？／真の更生を助けるには／集合知の中でよりいいものを作る／暴対法を改定しても検挙率は上がらない

安田好弘（弁護士）

日本に人権はあるか？／「オウム以前」と「オウム以後」の社会の変容／モンスター化する被害者／幼稚化する司法と大衆／ラベリング社会の怖さ／マッカーシズムからファシズムへ／排除する側と排除される側／カタギもターゲットに／税金をかけたキャンペーンにも疑問／僕らの「反省」／これからのヤクザはどうなる？／根絶やしにするという発想

保守の立場から見た暴力団排除

厳しくやり過ぎるのは逆効果

早川忠孝
（聞き手：宮崎学）

「早川忠孝ブログ」に注目

――早川先生は弁護士のご出身で、その後に自民党から出馬されて衆議院議員を務めていらっしゃいます。自民党という言わば保守の中心にいながら、比較的リベラルな発言も多いですね。たとえば、一二年一月六日付けのブログには次のように書かれています。

〔早川忠孝ブログ〕より

警察には、強大な権力がある。

力は、あれば使いたくなるものだ。

警察の生活安全行政の拡充ということで、市民生活の隅々まで警察が目を光らせるようになってきているが、犯罪予防の名でなんでも取締の対象に出来るようになると、警察の権限が無限に拡大し、結局は現場警察官の恣意的な権限行使にも繋がってしまう。

警察が何にでも市民生活に過干渉するのは、よくない。

警察がその強大な権力を悪用したり、濫用することがないよう十分心して欲しいと思う。

暴力団の規制に名を借りて警察が天下り先を確保しようとしているのではないか、という批判がある。

暴力団から企業を護る、という名目で、暴力団から被害を受ける具体的な危険がないのに警察OBが色々な企業に天下るということになると、警察官の天下り先確保のための暴力団対策の強化なのか、ということになってしまう。

暴力団の跋扈を許さないという警察の基本姿勢は正しいが、暴力団排除条例のように規制の矛先が暴力団や暴力団員ではなくもっぱら一般の市民や企業に向けられると、日本は段々警察国家になっていく。

こういうことは止めた方がいい。

暴力団排除条例には、色々問題がありそうだ。

建前はいいが、現場ではどんな風に運用されているのか、よく注意して見ておく必要がありそうだ。

そういう動きの中で、暴力団対策法の改正作業が進展しているようだ。

今年の通常国会に暴力団対策法の改正案が提案されることになっているが、「毎日新聞」が報道している程度の改正であればいいのではないかと思っているが、さて、どうだろうか。（若干懸念される要素も含まれているようではある。念のため）

問題提起のつもりで、毎日新聞の配信記事を掲載しておく。

〈暴対法改正案〉「危険暴力団」に直罰規定導入（毎日新聞一月五日）

警察庁は五日、暴力団対策法改正案の概要をまとめた。人命に危害を及ぼす行為を繰り返す恐れのある暴力団を「特定危険指定暴力団」に指定し、その構成員が不当な要求行為をした場合は中止命令などを経ずに直ちに処罰できる「直罰規定」を導入する。企業関係者を狙った襲撃事件を抑止するのが狙いだ。法案を次期通常国会に提出する方針。

特定危険指定暴力団は、暴力団構成員やその依頼を受けた者が、凶器を使用する重大な危害行為を実行し、今後も同様の行為をする恐れがある場合に、都道府県公安委員会が指定する。

指定を受けた暴力団の構成員が、みかじめ料の要求や取引契約の強要など不当な要求行為をすれば、中止命令などの行政処分を経ずに直ちに罰則を適用できるようにする。さらに、構成員がこれらの要求行為をする目的で人に面会を求めたり、つきまとったりする行為を中止命令の対象に加える。

また、拳銃などを使用して対立抗争をしている暴力団を「特定抗争指定暴力団」に指定する制度も設ける。住民が抗争に巻き込まれるのを防ぐのが目的で、構成員が多数で集合することや、抗争相手の居宅周辺をうろつくことに対して直罰規定を設ける。

現行の暴対法で最も重い罰則は「一年以下の懲役もしくは一〇〇万円以下の罰金」だが、改正案では「三年以下の懲役もしくは五〇〇万円以下の罰金」に引き上げる。

警察庁は▽暴力団員が営業者同士の争いに介入する「用心棒」業務や債権取り立て業務に従事することの禁止▽暴力団事務所の使用差し止め請求訴訟を暴力追放運動推進センターが住民に代わって行う制度の新設——なども改正案に盛り込む検討をしている。【鮎川耕史】

——このブログは、非常に興味深く拝読しました。保守の方が市民運動系左派よりきちんと考えているなと改めて思います。早川先生の場合は、弁護士と国会議員と両方のご経験がありますから……。

はい。立法府にいて、第一線で仕事をしていた責任者の一人です。

警察庁主導で条例が作られる異例な流れ

——そうしたご経験を踏まえて、政治の世界と暴対法という治安に関わる法律について、いろいろお聞きしたいと思います。

一一年から全都道府県が施行した暴力団排除条例と、一二年の通常国会で成立する見通しの暴対法改定案については、私もいろいろな問題があると考えています。中でも特に大きな問題は、まず法律ではなく条例で「暴力団員と交際するな」などと、市民の日常生活に関わる部分のかなり細かいところまでを決めてしまい、その後に法律を合わせて行くというような順序と言うべきものに違和感があるんですけれども。

ありますね。

——先に条例で決めるというのは、国会の立法権に対する侵害ではないかとも思うんです。立法の問題で、条例が先行してこのような立法がなされるというのはあるんでしょうか？

確かにあります。たとえば環境関係の場合、まず環境条例を各都道府県など自治体で作ってみて、ある程度「環境のルール」のようなものが出来上がった段階で、国のレベルにアップするという流れです。これは従前からありました。

情報公開関係も同様ですね。住民参加型のものであれば地方が先に動いて、条例も先行します。場合によっては、自然発生的に各自治体が競争してモデル的なものを一つ作り、それが全国に広がっていくこともあります。

ただ、それらは官主導というか、国の機関が条例を制定する原動力となって地方から攻め上ってくるという流れではないんです。

今問題になっている暴排条例のように警察庁主導で全国の都道府県が条例を作っていくということは極めて異例な流れと言えます。

もっともらしい形は取っていますけれども、基本的には国民の一般の生活に大きな影響を与える、実質的な「規制」のようなものを条例という形で作って、そういう「雰囲気」にしてしまう、そういう環境を醸成してしまっています。

たとえば、「暴力団員」が銀行取引をできないようにしてしまうとか、あるいは銀行の約款等で暴力団関係者ではないことの誓約をしないと銀行口座が開設できないなどの問題ですね。不動産の取引も同様で、暴力団関係者でないことを宣言させなきゃならないようにしておいて、事実上生活の枠を狭めています。これも問題ではあるのですが、条例の段階では罰則はありません。

ところが、これが法のレベルに行くと、罰則がかかってきます。相手が拒否しているにも関わらず威力を用いて強要した、ということが犯罪になります。結局、銀行取引や不動産の取引自体を罰則をもって禁止するという動きになる。

「条例から立法へ」という流れについては、一つの意思が働いているというふうに思ったほうがいいですね。

そのような意味では、この立法は大変危険性を秘めており、どこかで歯止めをかけておかないと、「蟻の一穴」のように国民の生活のあらゆる場面に警察行政の目が光ってくる。そういう危険性がやっぱり内包されていると思うんです。

暴対法の改定法案は参議院の先議だそうですが、参議院で通ってしまうと、衆議院も簡単に通ってしまいます。

衆議院は圧倒的に与党が多数ですから、参議院で通るような法案であれば衆議院でも通ってしまいます。

二院制の問題として、参議院にチェック能力が果たしてあるだろうかということを考えた時に「世論」というのは非常に大きな影響を与えるんですね。

たとえば、「暴力団」というマイナス・シンボルを表に出して、暴力団に対抗して暴力団を排除するのだという大義名分が与えられてしまうと、国会の審議の中で法案の細かい条項の審査をするということ自体が大変難しくなってくるんですね。

しかも、私が見るところ、いわゆる法律を作る能力、実効性のある法律を作る能力という意味では、警察庁というのは大変能力が高いのです。どうすれば違法な行為の発生を抑止できるかということを考える能力があります。

道路交通法も様々なレベルを設けながら、徐々に違法行為の発生を減らしていくというようなことをずっとやってきました。

暴力団に対しての対策についても似たようなものです。最初のうちは大雑把に決めておいて、少しずつ「こういう事例があるから、このように対処しよう」と決めていくのです。

もっとも、この「対処」にちょっと仕掛けがあってですね、少しだけ枠を広げるんです。ところが枠を一回広げてしまえば、それが先例となってどんどん規制の枠が広がってしまい、結果的に世の中ががんじがらめになってしまうこともあり得ます。

暴力団排除の世論が既に出来ている中で、暴力団排除に反対するってなかなか言えないことなんですよね。

表現者の皆さんの「暴力団排除に反対します」（日刊ゲンダイ掲載）という意見広告を拝見しましたが、よくそういった問題意識を持たれたなと、私は感心するぐらいで……。

――もちろん「暴力団は排除すべき」という国民感情が強いのはわかるんですが、今回、新聞に意見広

告を出した我々が言いたいのは、現行の暴排条例や暴対法改定案ではダメだということなんです。「受け皿」がないままにドラスティックに排除しても、地下化すなわちマフィア化したり、「元暴力団員」の犯罪が増えたりするだけです。ヤクザをやらなくても食っていけるのであれば、みんなとっくにやめていますよ。他に道がないからヤクザをやっているんです。

意見広告で言われていることは、暴排条例や暴対法が生活の自由に対する侵害をもたらすだろうということですよね。そういった立法、あるいは条例策定の大きな渦の中に今あって、ここでストップをかけたい、ということだと思うんですよ。そのストップをかけたいということは大変正しいことだと思います。

やはり世論が先行してしまうと難しいですね。現在の国家のレベルでは、条文の審査をする本当の意味での力がどうも不足している。専門家がいないんです。いわゆる反権力的な弁護士グループがいろんな問題点を指摘すれば、それなりに問題意識は広がるんですが、現在は民主党政権下ですから、本来であれば問題意識を持つべき立場の人たちが逆に与党に入って一旦政府のほうで決めたものは推進するという立場に回っていますから……。

国会議員の議論が足りない

——二月二八日に閣議決定していますから、そのまま国会でほとんど審議されずに成立する見通しです。もしかすると、このブックレットが出版される頃にはもう成立しているかもしれません。

ということは、問題点の掘り下げをしていないということです。

一方で、今の野党、たとえば自民党の中で、そういった問題意識で、表現の自由を守らなきゃいけない、団体行動の自由を認めなきゃいけない、結社の自由を守らなきゃいけない、国民の生活に悪影響を与えることがないようにしなければいけない……という観点から徹底的に議論できるかというと、これも非常に難しい状況です。ということは、あっという間に国会は通過してしまう可能性が高いということです。

それに、こういう法案は全会一致で可決される可能性も高い。

しかし、この全会一致で可決されてしまう法案とは、立法的には大変問題が多いんです。

なぜかというと、事前に法案についての擦り合わせをしているんですが、その摺り合わせの段階で審査する人たちというのはごく少数です。部会で審議して、それこそ三人とか五人のチームで検討するのです。そのチームに参画しない人は、結局は条文の検討をしないまま、その結論を受け入れるだけになってしまいます。

しかも、結論が先行していて、「この法案は成立させよう」という意思決定が上層部でできあがって、「この程度で収めよう」というように〝相場観〟が決まってしまうと、その範囲で原案が作られてしまいます。その法律が抱えている様々な問題点をすべて明らかにするという作業をしないままに通ってしまうんですね。

ここで問題になるのは、取り締まりをする側は「一番わかりやすい悪質な事例」をターゲットにして、それに該当する事例を排除できるような形で法案を作ります。

ですから、その典型的な事例のみについて言えば、十分に対応できます。有効に機能するんですね。ところが、法律というのは一回出来上がってしまうと、解釈次第でずいぶんと拡がってしまう。曖味な部分というものがどうしてもつきまとうんですね。それを議論しないままで行くと、結局は運用の段階で、解釈する行政府の考え方が通ってしまう。立法的なチェックが十分なされないまま行政の運用だけで行われてしまう。すなわち「法の一人歩き」という問題が出てきます。

それから、国会の問題もあります。立法府たる国会が法を作るんじゃなくて、行政府の内閣が法を作るという、昔から言われていたことですけれども、要するに行政が立法を左右する権限、事実上の立法の差配権を握っていることが問題なんですね。

国会の方に本当の立法権、立法機能が果たせるような仕組みがあればいいんですけれども、残念ながらないのです。

たとえば、暴対法について憲法との抵触を見た場合、憲法の定める自由権との抵触ということについて、専門的に検討するような機関は国会にありません。

憲法審査会や憲法審議会、そんなところで有識者の方々が問題点をしっかりと出して、そこでチェックして立法的な問題点がクリアされるというシステムが国会にあれば、それはそれでいいと思うのですが。

——そうですね。国会内での議論が絶対に必要です。

たとえばフランスのような憲法院が立法や行政のしくみをチェックする、あるいは行政府の様々な通達をチェックする、という仕組みがあればいいんですけれども。

日本では、現実にはごくごく数人の「専門家」と称される議員が自分の知見の範囲でもって審議して、だいたいは専門的能力があまり十分でないと思われる人たちが「まあいいだろう」というアバウトな判断で行政府から出された原案を通しちゃいます。だから問題があるんです。

一応、行政府が作るものは内閣法制局がチェックをしますので、そういう意味では法制局の審査もかなり厳密ですから、わりにいい条文になります。つまり議員立法よりはいいんですが、ただ、それでもやっぱり行政府というか政府の意思が先行する場合は、結論としては十分審議されないまま通ってしまう。ですから、そういった原案を作る能力が高い警察庁の法案というのは、通りやすいんです。

私は、自治省という役所におり、在職中、警察庁のための様々な法案を作るという作業もいたしましたし、国会議員になってからは、オウム真理教の犯罪被害者救済のための法案を作るときにも、所管を法務省にするか警察庁にするかという難しい問題に関わってきたこともあります。

そういう経験から言えることは、警察庁の法案作成能力は相当高いということです。私が自民党犯罪被害者基本計画等法推進プロジェクト委員会の委員長として立案に関与したオウム犯罪被害者等救済法について警察庁は事務レベルの検討段階では最後までその所管官庁になることに抵抗しておりましたが、最終的に警察庁にその所管をお願いすることにしましたら、実に見事な仕組みを作って、私たちに案を持ってきてくれました。だから、そういう意味で警察庁は非常に能力が高いんです。

――なるほど、警察庁の官僚の法案作成の能力が高いんですね。

だから役に立つんです。

――よくわかります。

過剰な規制国家にならないためのチェックが必要

ですから、暴力団に対しても、福岡県などで様々な暴力団の殺傷行為が横行しているという現在の状況の中で、早急に手を打たなきゃいけない。その緊急性に対応するための法律としては、やっぱり機能するような案が出てきていると思います。

法案に盛り込まれている「特定抗争指定暴力団」等の指定については、期間を限定したりと周辺から定めて行くことが必要だと思いますが、実質的に彼らの活動拠点をなくしていくことは、非常に有効だと思います。違法行為を行う集団の拠点をなくす……これは、なかなか有効な手段だと思います。

——事務所の使用の問題ですね。

はい。結局、関係者しか入れない「密室」が一番いけません。人が集まって独自の論理で暴力行為を行いやすいような雰囲気が醸成されていくんです。その拠点としての事務所をなくす。これは大変重要なやり方だし、有効に機能するだろうと私は思います。だから、そういう意味では法案には役に立つ案も入っています。

ところがですね、それが少し先へ進んで、いわゆる指定暴力団の事務所等の明け渡しを求めるという訴訟については問題があると言わざるを得ません。

——訴訟はずいぶん増えてきていますね。

各都道府県の「暴力追放運動推進センター」に訴訟遂行の権限まで与える方向ですね。

——そうですね。本人に代わって訴訟ができるわけです。

今までは被害を受けた人たちが自分で行動を起こす、いわゆる「自治」が原則だったのが、そうじゃなくて中間団体みたいな推進センター、適格団体みたいなのが介在するという形で訴訟代行する権限を与えるということです。結局、今までの司法の仕組みを一歩超えるようなことまで考えてきているわけですね。

これは消費者訴訟でも似たような考え方があるんですけれども、既存のルールから一歩踏み出してしまうということをやって来ています。これでは権限が非常に拡大されてしまいます。

ある段階では、それも非常に機能することもあるんですが、問題なのは一旦できた団体というのはずーっと残るんです。残るということは、そこがある意味で警察ＯＢの再就職先あるいは新しい職場に変化していく。そういったきっかけを作ることになるんです。役所が作る法律の中身は、意外と「自分たちの仕事場を増やす」というのがあるんですね。

これは、チェックしないといけないことです。

国会は、こういった行政の肥大化とか、あるいは行政が独自に動いてしまうことに対するチェック機能を果たしていかなければいけません。「警察国家」の問題などいろいろ言われておりますけど、いずれにしても過剰な規制国家にならないようにするためのチェックは必要です。ただし、残念ながら現在の国会にそういった意識でチェックできる人たちがいるだろうかということになると、やや心配ですね。

――「やや心配」と言うよりも、僕はいないんじゃないかと思いますけどね。

いや言葉を少しマイルドにしました（笑）。私のかつての仲間の中で、当然もう気がついている人もいるだろうと思いますから……。ただ、気がついても、自民党の場合でも限られていますからね。まだ私どもが国会にいた段階では、多様な立場から一つの問題を叩き合って結論を出していました。けっこう若い国会議員であっても、その分野についての専門家であれば意見も通る。私なんかは当選二回ではあったんですけれども、実質上は法律を作るためのいろいろな作業チームの事務局長であったり、座長だったりということで、いろいろな制度改正に関わって、実現に導くことができました。

そういう意味では専門家がいるときはいいんですが、残念ながらその人たちは二年半前（政権交代時）にね……だいたい落選していなくなっていますので。もう本当に限られた人しか残っていないですね。

今残っている人たちの中で、その人たちの意見が全体をリードできるかというと、多分リードできないだろうなと思っています。

与党は、よくわかりません。

民主党にはあまり経験がない人ばっかりがいるもんですからね。比較的よく勉強しているはずだと思った枝野（幸男・経産相）氏もわかっていませんでした。なかなか本当の意味で立法をチェックするという力が今の与党にはなさそうだなぁという気がします。

行政にある程度経験があって、立法府にもいて、それから民間の実務もわかっているという「三つの目」が必要なんですね。

私の場合は、大学を卒業して自治省に入って行政府を経験し、その後弁護士になって三十何年間か法律の実務の現場にいました。弁護士会の中で民事介入暴力対策委員会の副委員長をやったりもしていますから、彼らの生態もある程度わかっています。そして立法府へ行ったわけです。

そういう意味では、現在の国会には、トータルな目でバランスよくものを見ることを出来る人というのはあまりいないなと思いますね。

「暴力団を抜けろ」と言っても抜けさせられない

――早川先生は民暴の弁護士の現場にもいらっしゃったご経験から、暴排条例と暴対法改定案をお読みになって、どう思われますか。

これはね、要するにやり過ぎじゃないかっていうことです。単純に言えば「そこまでやるのかな」っていう感じがしてますね。

少なくとも関東、東京で見ている限りはですね、目につくような暴力団の行為というのはあまりなくなってきているような気がするんですね。そういう状況の中で、なぜ「暴追推進センター」などの機能をどんどん拡充する方向に来ているんだろうか。バランスがちょっと欠けているのではないだろうかな、という気がします。

それから、たとえば暴力団をなくして行くという方向性の一つのポイントは「暴力団を利用しない」ということですね。ですから、利用しないような方向に持っていくのは正しいわけです。暴力団を利用するような人はチェックしなければいけない。暴力団を利用することには不利益があるというふうになればよろしい。

それから、現実に暴力団に入った人間については「暴力団にいるよりは、やめた方がいい」というふうに誘導しなきゃいけない。

ところが、暴力団から抜けても様々な市民生活をするのに支障があるという状態では、暴力団を抜けろと言っても、それは抜けさせられない。そういった暴力団から抜けさせるための誘因がですね、あまり制度的に用意されていないのです。

罪を犯した人間の更生を支えるための仕組みが必要なのに、暴力団関係には残念ながらそういうのが伴っていないんじゃないのかなという心配があるんです。

私は法務大臣政務官も経験していますが、法務省も出所者についての更生を促進するための制度づくり、仕組みづくりを進めています。これはその方がいいと思うんですね。「罪人に対してちょっと甘いんじゃないか」と言われたりすることがあっても、そうしないと更生も社会復帰もできません。でも、「暴力団員」というレッテルがあると、更生する仕組みがあるのかないのか、どうも私が見る限りはなさそうだなぁと。ただ「暴力団を全部潰せ」と言うのでは……。

――そうですね。かりに「暴力団」をやめたとしても条例などは五年間は「元暴力団員」として「暴力団員」と同等に扱うんです。つまりやめたとしても事実上就職できないし、そのことを隠して、例えば履歴書に書かなければ虚偽記載になるというような問題もあります。

早川先生がおっしゃっているように、僕も「やり過ぎ」はダメで、もう少し社会的にファジー（曖昧）でゆるい部分があった方がバランスがいいと思います。

僕も何人か出所者の就職相談に乗っているんですが、かなり難しいんですね。そのうちの一人はもう四年くらい勤めていてちょっとホッとしているところがあるんですけれど、実はこのケースの就職も大騒ぎしてやっと見つかったんです。給料は多少安くてもいいけど、住む所がないと、またすぐにムショに戻ってしまいますから。

この人間は「暴力団員」ではないんですが、ムショ帰りの人間が寮や社宅のある仕事を見つけるのは簡単ではありません。

そういうことからみると、昨今の暴力団排除は、排除した人たちをどうするのかという問題意識が全くないなと思っているんですね。まずは社会の受け皿が必要なんです。ヤクザをやめても食っていけるなら、みんなとっくにやめてますよ。他にないから。

結局ですね、今の暴力団排除の中で、民間企業などに対して、排除するための仕組みづくりを一生懸命推進センターが中心になってやっているだけなんです。

——きれいなマニュアルが作られてはいますけどね。

新たな犯罪の温床を残してしまうのでは？

きれいにできてますね。これは逆に言うと、一般の企業に対して警察の方々が自分たちの「仕事場」（＝天下り先）を増やしていくという作業なんです。

これはある意味で易しい。これまでは難しい話はおいておいて、暴力団排除ということでいくらでも警察の思うようにやってこられた。しかし、これからは、「暴力団員」であった人が、どうやったら暴力団を抜けて社会生活に復帰できるかという「難しいところ」を解決する仕組みを作っていかないと、実際には世の中というのは良くなっていかない。そのあたりについての配慮が十分なされていないんじゃないのかなっていうのが、私の感想です。

私もそれなりにいろいろな暴力団員を見てきましたが、比較的純朴な、しかも体を使うことを惜しまない、そういうタイプの人間もいるんですよ。だから、物事を順序立てて正しく教えていけば、必ず元へ戻れるという要素を持っている。彼らを悪し様に罵ったりすると、かえってダメなんです。きちっと、善導するというか、いい方向へ持っていくやり方さえやっていけば普通になっていく。

二〇代や三〇代の頃は乱暴なことをやったけれども、五〇代、六〇代になれば普通の社会人、よき夫、おじいちゃんになっているというケースも見てますからね。だからそんなに怖がることもないと思うんですけども、でも、知らない人は、ただもう怖いんですよね。

その怖いという意識だけで社会の仕組みを作ってしまうと、ヤクザは生きていけなくなるわけですよ。生きていけなくなるということは、新たな犯罪の温床を残してしまうことになると思います。

――より悪いことをやるしかありませんね。

それは、あまりいい方向じゃないんです。「地下に潜る」なんていう言葉がありますけれども、やっぱりそういうことだってないとは言えないです。より先鋭化するということもあるかもしれませんから。

暴力団や、暴走族の関係者を見ていると、かつての仁侠映画のように親分の命令、あるいは意気に感じたようなところで危険な仕事をどんどん引き受けるような、比較的単純に行動する人たちが多いんですね。そういう特性のようなものを見て行けば、やり方はあるはずだと思うんですが。

――たしかにそうですね。私の実体験としてもあります。

私の故郷の京都で最大の暴走族というのがあったんですよ。若い人たちが一〇〇人か一五〇人ぐらいいて、バイクとか改造車なんかに乗ってた。ところが彼らも子どもができちゃったりして、結婚するわけですね。妻子を食わせて自分も食っていかなきゃいけなくなってきますね。

さて、どうしようとなった時に、たまたま私の知り合いのダンプ屋が倒産してダンンプカーがたくさん残ってしまったんです。ディーラーに返そうかと言っていたんだけど、半年間だけその暴走族一人ずつにダンプを渡して仕事をさせたんです。費用は自己負担だったんですけど、彼らはものの見事に会社を再建しました。

暴走族というのはもともと車好きだから、自分で車のメンテナンスを丁寧にして大切に乗ります。普通のダンプカーは償却期間がだいたい三年なんだけど、彼らは日頃の手入れがいいものだから五年間は持つわけです。それで二年間分は利益になるんです。

そういうふうに、「このダンプの費用はお前が払わなきゃいけない。これに乗る以上は……」と分かりやすい説明をして、責任を与えてやれば、やっぱり人はやるんですね。

なるほど。僕は、人間には可塑性と可能性があると思っています。だから、そういう意味で誰かを「こいつは悪い奴だ」と決めつけることはいけない。チャンスがあればいくらでも良くなるんだとそう思ってます。その可能性をあらかじめ排除してしまうようなやり方はいけないと思っています。

――暴走族という嫌われ者の連中なんですけれども、ものの見事に立ち直れた例を私も見ていますので。

暴走族の関係は多いですよ。私も知っているけど、「いやぁ、昔は暴走族でした」っていう市会議員がいたりね（笑）。

若い時には大人に反抗したいし、そういう中でたまたまグループ化しているだけです。でもグループ化しているということは、それだけの指導力がある人がいるんですよ。

――そうですね。その京都の暴走族のリーダーも今は、年商何億かのダンプ屋になっていますからね。

だから、やれるんですよ。やれる芽を摘んじゃいけないと思います。

真の更生を助けるには

ほんとうにおっしゃるとおりです。

もちろん規制すべき点は規制すべきですけれども、いろんな仕組みができるはずなんです。ただ、先ほど申し上げた通り、可塑性と可能性があるということを大前提に考えなきゃいけないということですね。人間を差別するんじゃなくて、やっぱり行為をもって規制するということが必要になると思うんですよ。

ところが、今の暴力団排除は、「暴力団員」という人を特別な毒物のように見なして扱おうというところがあります。

毒がある間はもちろんそれは排除しなければいけない。だけど、毒が消えた時、あるいはそれが薬になるときには、それを生かせるようにする仕組みを用意しないといけない。そのくらいの寛容性というのは、やっぱり僕は必要だと思うんです。

――もちろん悪いから排除するという理屈はあるけれど、排除した人たちをどうするのかを提案しないかぎり、やっぱり「法の責任」というものを果たしていないと僕は思ってるんですね。そこのところが全く今はないわけです。

なさそうですね。だから、「暴力団排除に反対します」という意見広告は、よくぞお出しになったと感心します。

「世の中は絶対に暴力団を受け入れない」という世論の中で、「いや、そうじゃないことがあるんだ」という問題提起としては、むしろアンチテーゼとして出しておかないといけないんだと……。

——というのはですね、早川先生も僕も同じ昭和二〇年、一九四五年の生まれで、僕は学生運動やって東大まで行って先生の卒業を延ばした責任者でもあるわけですけれども（笑）。そういう経験を今思い返すと、運動をやっている時は「これが正しい」と思ってやっているんですよね。

しかしながら後になって考えますと、自分はこれが正しいと思ってやっているときには、それ一つしか見えていない。ところが少し歳を取って考えると、「今の自分はこれが正しいと思っているけれど、ひょっとして正しくなかったらどうしようか」という考えを持つようになるんですね。

それで、一度痛い目に合ったりすると、「これが正しいと思ってやったけれども、よく考えてみると、そうとは限らなかったんだ」とわかるんです。だから、自分が正しいと思ってやっていることでも、「間違っていたらどうしようか」というのを心の襞の中にどこか持ちながらやっているのと、「オレは正しいから、これで押し切っちゃうんだ」と、ものすごい表面的というか、皮相な考えといいますか、そんな考えを持つのは違うんですね。僕が後者から脱却できたのは、四十路の声を聞いてからになるんですけれども。

「自分の価値観の絶対化」ということですが、私は相対的にものを見ることができるかどうか、相対化ができるかっていうことが重要だと思っております。

僕は東大紛争の時は、大学封鎖をしていた人たちに反対していたんです。「自分の一生をかけてする行動ならばいいけれども、一生をかけてできないことだったら、やっぱりやるべきでない」ってね。

当時いわゆる「良識派」と言われた学生は、そういう行動原理でやりましたね。全学ストライキの解除なんかを先頭に立ってやりました。

それから、全共闘系と民青系で、お互いに捕虜を取り合っているわけです。その捕虜の交換を我々が立ち会ってさせたりもしていました。そういう中間の立場だったんです。要するに両方のものの考え方をある程度受け止めながら、現実的に可能な選択を選んでいくという……、それが卒業して役所へ入って行った原点でもあるわけですけどね。

ある段階で、自分でやっていることが必ずしも常に正しいわけじゃない可能性もあると、だからそれをちゃんと踏んでおきながら行動しようと思っていますから。複眼的に物を考えるというか、そういうことですね。


——その複眼的な物事の考え方というのは、実はこういう治安に関わる立法を作る人たちには必ず必要な視点なんじゃないのかというのが僕の考え方なんです。


こういうときは、基本的には歴史的に辿ってみる。そして、世界的に見てどうであるかということを検証してみるんです。少なくとも、この二つの視点は必要です。他の国ではどんなふうな規制になっているか、過去はどういうことがあっただろうかと。歴史に学ぶ必要もあるんです。

自分たちがどこにいるかということがよくわからないまま刹那的に「今、これが必要だから」ということで、ズルズルッと行っているうちに、いつのまにかとんでもないところに来てしまった、ということになっては困ります。


——僕がよく言うんですけれども、人は頭の上に「旗」が立っている時があるわけですよ。「正義の旗」

が立っている。暴排条例や暴対法を考えられた警察官僚の頭の上にも立っている可能性が高い。細かいところも事例に基づいてけっこうフォローしていますから、ものすごく優秀だと思うんです。しかし、頭の上に旗が立っていて、旗は一つじゃないんだという考え方を持ってもらえないのかなぁと思います。

先進資本主義国から新興国まで、アウトローの問題というのは非常に大きなテーマです。特にアジアは深刻ですね。でも、どの国も殲滅までは考えていない。首の皮を一枚残すというか、そういう対策をやっていますよ。

たとえば殺人で指名手配されていた台湾のアウトローの幹部のお母さんが亡くなった時に、実質的に指名手配を葬儀の日だけ解除したんです。葬儀をさせるためだけに、ですよ。それで、葬儀が終わって落ち着いたらそのアウトローは自首しました。

その種の柔軟さというのは、放っておけば地下に潜ったきりでもう出てこないようなアウトローに対してもあるんですね。

一度葬式をやらせてやるという行為、厳密に言えば一日だけ指名手配を解除するのは異常なことかもしれないけれど、刑事政策としてはアリなんだろうなと思うんですね。その種の〝緩み〟があった方が、社会としては強い社会なんじゃないのかなと思うんですね。

そうですね。単線的な物の見方でいくと、やっぱりいけませんね。もっと柔軟に対処できるように、柔らかい社会の方が結果的には強い社会なのだと思います。

集合知の中でよりいいものを作る

――今のように出口がないところまでどんどん追い込んで行ってしまうと、窮鼠猫を噛むという事態にもなります。いいか悪いかといえば「暴力団」という存在はもちろん悪いんですけれど、追い込んだところで「より悪い暴力団」が出てくるだけです。

僕は、そういう議論を国会でやってほしいと思うんです。

そうですねえ。そんなことができるような、目の見える勇気のある人が、さて、いるのかいないのかと……。

――本当は、国会の使命というのは、そういうところにあるんだろうと思うんですよね。

結局は行政府、特に取締当局は、いかに実効的に取り締まれるかという観点で、あらゆる規制を考えますから、非常に合目的なんです。だから、非常に整合性があります。ですが、多面的な価値観でもって、こういう場合はどうなんだろう、ああいう場合はどうなんだろう、もっとほかに方法はないだろうかと、そういう観点でものを考えるのは、やっぱり政治の本来の姿だと思う。

――政治はそれができてこそ政治だと僕は思います。

はい。大勢の知恵を集めて、その集合知の中でよりいいものを作るという作業をしなければいけないんです。集合知じゃなくて、もう既にあらかじめ行政府で作った内容を絶対唯一のものとして、それを単に権威づけるためだけの国会ではダメなんです。だから、確かにまだ半分しか機能していないというか、実質的には機能していないという部分があります。

――そうですね。今までの警察官僚であれば非常に頭のいい人たちですから、ボロがなかなか出ないようにはしてあるわけですね。ところが今回の暴排条例と暴対法改正に関しては、広く網を市民にかけたものですから、先生がおっしゃったような天下りの利権みたいなものが、もう目につきはじめてきています。

ちょっと目につきはじめましたね。いけませんね。公務員に対してのバッシングが強くなっているだけに、「大義名分」がある暴力団については、暴力団対策という名目でいろんなことが可能になってきているということなんですよ。でも本当は、犯罪をもっと取り締まらなきゃいけないわけですよ。たとえば、ストーカーによる被害などの問題が放置されている状況の中で、実は警察も充分に役立っていない部分があるわけです。それらにもっと力を入れなければいけないのに、まだまだの段階ですね。目立っている発砲事件のようなところだけ捜査して、一般の市民生活の中で救済されていない部分に対しての手が及んでいないということが問題ですよね。

――そうですね。検挙率は下がる一方ですからね。

だから、警察官僚の中でも上層部の頭のいい人たちの考えることだから、論理としての整合性はあるんでしょうけれど、その裏に実際の庶民の生活や問題がどんどん乖離してしまっているようなところがあります。

ストーカーの問題にしても、長崎の殺人事件などは本当に酷い話で、警察が「被害届を出すのを一週間待ってくれ」と言って、実は北海道に慰安旅行をして帰ってきたら殺人事件が起こっていたという。だから、防げるものも防いでないっていう問題をもっと考えなくてはいけないことがありますよ。

――検挙率の低下に反比例して、このような不祥事は増えているにもかかわらず、なぜか暴排には力を入れていますね。それで、条例は実務的にも問題があるんです。暴排条例の場合、たとえば「暴力団員」と交際している業者がいると、まず勧告して、それに従わなければ氏名公表、そして処罰という流れになっているんですが、実際にはわかりにくいんです。

まず、何をもって「勧告」というのか。契約の際に「暴力団員と交際していません」と一筆書くことをもって「勧告」とする説もあるらしいんですが、それではわかりませんね。気づかずに放置しておいたら、「勧告に従わなかった」として、氏名公表された業者もいます。それに、そもそも条例には勧告を受けた側が「自分は暴力団員とは交際していません」と抗弁したり、不服申し立てをしたりする機会が与えられていません。

建設関係の業者など氏名公表されて公共事業の入札に参加できないとなると、民間の仕事ももらえなくなります。そうなればもう倒産しかない。公表したら思わぬ影響がそこにあるという実態、経済上の実態ということがわかっていないんですね。

やたらと伝家の宝刀を抜いてしまうようなことは止めておかないとですね。

だから、やっぱり法として言えば、それぞれの段階に応じて抗弁する権利は与えるべきですし、あるいは勧告で済むものだったら勧告で済ませるべきだろうと思います。

そうですね。霞が関の庁舎の中にだけにいたら、現場のことは十分にわかりません。だから「けしからんから、公表ぐらいはいいだろう」「勧告もいいだろう」というふうに安易に考えるんですね。実際にどのような社会的影響があるかということもしっかり調査して、その上で違反の度合いに応じた相応性、比例原則ですよね。それに合わせたような形に止めなければいけない。

今おっしゃったように、「公表」が指名停止につながるというような社会的な仕組みがあるんだとすれば、そこは回避しなければいけない。そこまで行かないようにしなければいけないんです。たとえば以前なら始末書で済んだような問題でも、暴排条例のような仕組みがいったんできてしまうと、それがどんどん一人歩きしてしまう危険性があります。だから、条例も看過できないんですね。地方議会も条例は安易に通してしまっていますから。

本当の審査能力が伴っていない議員の議論で、一つのアイデアがどんどん進んでしまうと、とんでもない結果になる可能性もあるということです。少なくとも自由な経済活動を阻害するような形になって、実質的には良質な業者が倒産をする、あるいは雇用の場を失う、なんてことがあってはいけないですね。

――先生はよくご存知だと思うんですけれど、今の経済の状態、不景気の中で、やっぱり建設業者は過当競争なんですね。値段の叩き合いをやっているのが実情なんです。その段階で競争相手は非常に多いわけです。ですから、競合している業者がこの条例を悪く利用するということも起こってくるわけですね。

そういうふうなところまでも考えた上で、やはり、この業者に打撃的な影響を与えるときには、かなり配慮が必要なんじゃないかと思うんですけどね。

そうですね。やはり弁護士が大いに頑張らなきゃいけないところですね。たしかに経済活動を阻害するような事象というのも多々あるわけですけれども、曖昧な構成要件や立証レベルでただちに行政が権限発動するような仕組みが導入されると、本当に大変なことになります。

たとえば人権救済法のような仕組みの下で、誰かの申し立てに基づいて緊急に措置しなければいけない場合があるとします。

その場合、とりあえず行政庁が「これは人権侵害だ」と判断した、あるいは公表した、指導した……となれば、もうそれだけで事実上の社会的な制裁になってしまいます。

それは、やはり行き過ぎになりますので、慎重にしなければならない。行政庁の判断で何でもやればいいというものでもない。ですから、司法的な厳密な手続きを経たものにしなければいけない。

警察のさまざまな処分の中にも、厳密な司法手続きを経ずに、公安委員会あるいは各県の警察本部長限り、あるいは警察署長限りで仮の措置がどんどんできるというふうになってきたときには、気をつけなければいけません。

そういったバランスを総合的に判断して、過剰な規制になったり、あるいは過大な制裁になったりさせてはならないということですね。その観点からチェックする必要があります。その感覚を持てるか持てないかですね。

暴対法を改定しても検挙率は上がらない

——警察の強い権限の下で、マスメディアも、インターネットメディアも、お互いに合理的な根拠もないままにただ叩き合って、住みづらくしている方向に流れている感がありますね。

そうですね。私はもともと行政府にもいましたし、自民党にもいたわけですから、なるべく政府が提案するものはバックアップする立場でいましたので、批判的な観点からの発言は外に向かってはしない方向でいました。

だけど、最近は様子が違ってきました。だんだん、やっぱり言うべきことを言っておかないと、誰もものを言わないということになりかかってきていますのでね。
意外とみんな目が見えていない感じがします。そういう意味では自分はブログを一生懸命書いて、問題提起して、何とか発言力を確保しようと努力しているところです。やっぱり言わなきゃダメですね。

——早川先生は保守の立場から言っておられ、説得力がありますよね。昔でいう革新、左派の立場から発言する人はかつてはいっぱいいたいたんですけど、「暴力団」については声を上げる人は本当に少ない。

僕は六〇年代の学生運動の経験から、日本の保守の厚さはよくわかっているつもりです。僕は京都出身で、「どうしても打ち破れない保守の分厚さ」みたいなものを感じたのは、前尾（繁三郎・元衆議院議長）さんとか、谷垣（禎一・自由民主党党首）さんのお父さん（専一・元文部相）とか……。あの辺とはいくらぶつかっても、軟構造なんですね。パチン！っというぶつかり合いは無いんですね。

——ええ。フワーっと……ぶつかっても手応えがないといいますか。でも、こっちは完全に負けているという。そういうことが多かったですね。敵ながらすごいなと思っていました。

なるほど、フワーっと。

——でも、だんだん保守も変容してきていますよね。相手を攻撃ばかりする薄っぺらい人が多くなってきました。これは危険な状態なんじゃないのかなと思うんです。

確かに危険ですね。今までは言論の自由を掲げるのはどちらかというと左派が多くて、保守といったら「ウルトラ保守」みたいな人が目立つから（笑）。なかなか一般の人は受け入れられませんよ。

――こういう保守の「厚さ」は小泉さんで終わったのかなという感じがしています。

ただ奥行きということでいうと、実は政治家だけじゃなくて、行政府としてのかつての警察も持っていましたよね。もちろん、裁判官にしてもそうなんです。かつてのヤクザ同士の喧嘩、「出入り」の場合昭和四十年代あたりは、相手を殺してもせいぜい七、八年の懲役でした。でも、今は二十年とか二十五年は覚悟しなくちゃならない。

以前であれば、いいか悪いかは別にして、根本的な考えとして「ヤクザ同士が殺し合いをして減ったら、それは世の中のためじゃないか」というような考えもあった上でのことだろうと思います。

ところが、今は量刑だけがどんどん重くなって、自首するヤクザも激減しています。かつてのヤクザの矜持として、人殺しなんかをしたら「私がやりました」と言って凶器を持って出頭して刑を受けるのがヤクザの男らしさだというようなのがあったんです。

ところが、今はその矜持もなくなっています。ヤクザが変化したのも確かなんですけれども。この変化にあたっては。取り締まる側の変化を敏感に受けた変化なんですね、これは果たしていいのか悪いのかと。

一二年の通常国会の暴対法改定の理由として福岡県知事などが挙げている県内の発砲や放火というのは犯人がほとんど挙がっていないんですね。

昨年から一二月四月にかけてわかっているだけで三十件くらいあるんですが、犯人が逮捕されているのは二件だけですよ。

これは問題ですね。これを取り締まらなきゃいけないですよ。

――犯罪に対しては、厳しく取り締まるべきなんです。取り締まりにあたっては、さっき申しましたような「ヤクザの矜持」というものをくすぐるような政策をやった方が治安は良くなるはずなんですね。特別に甘く扱えと言っているわけではありません。

しかし、問題は、その後ですね。刑に服してシャバに戻って、きちんと暮らせるように刑務所の処遇などを含めた総合的な政策が必要ですが、それができない。カタギとして認められないからヤクザを続けるしかないんだけど、それもできないとなったら、マフィア化するしかないんです。

日本のヤクザというのは国際的にも特異な存在で、言わば「政府公認」なんですよね。今も「指定暴力団」と指定しているということは、存在を公認しているということでもあるんです。

他にも警察が把握している事務所があって、事務所には組員の名札（名前を書いてある木の札）もあるなんて日本だけでしょうね。名札は並べてあるんですが、懲役に行っている組員の名札は裏返しにしてあります。裏は赤く塗ってあるので、すぐにわかります。代紋入りの名刺も持っていますが、こんなことは、マフィアが「存在していない」ことになっている海外ではありえません。

それだけ日本のヤクザは公然性が強かったわけですが、これからはみんなその存在を隠すようになります。

よく調べないとヤクザとはわからない人間が増えれば、ビジネスにもものすごく影響が出るでしょうし、密告も横行するでしょう。密告の内容が事実ならまだしも、ライバルを陥れるために虚偽の密告をする人間も出てきますね。一方で警察は容赦しない。そういう社会を「暴力団員のいない良い社会」と呼べるのでしょうか。

暴力団の組織の中身については全くわからないものですから、今のお話にはコメントのしようがないんですけれども。ただ……自分の行き場所がない、まともな仕事もない、そういった若者を受け入れる場所としてのそういった組織というのはね、やっぱり求められた時代がありましたでしょうね。それなりに生活の面倒も見て、教育をするというところもあったと思います。ただ、それが、違法な行為をやって自分たちの生活の糧にするという、いわゆる「経済ヤクザ」の存在や昔の「任侠道」をわきまえない、ただの暴力集団みたいになってしまっていることで、現在のような取り締まりにつながっているともいえるんでしょう。

——犯罪については、ヤクザもカタギも関係なく刑法や刑事訴訟法できちんと対応すればいいと思うんです。暴対法を改定したところで検挙率が上がることはないでしょう。

それに、確かにヤクザの犯罪者は目立ちますが、『犯罪白書』によれば、この三十年ほどは発生した殺人事件の半分は親族間による殺し合いです。むしろこちらの方が問題だと思いますが、それも含めてかつての保守が作り上げてきた「日本」が崩壊しているのは感じますね。

今日はいろいろ示唆に富んだお話をありがとうございました。

◉はやかわ・ただたか
一九四五（昭和二〇）年長崎県生まれ。東大紛争のため六月に東京大学法学部を卒業して自治省入省、のちに弁護士登録し、東京弁護士会副会長などを歴任して〇三（平成一五年）に自民党から衆議院議員初当選。自由民主党副幹事長、自民党原爆被爆者対策小委員会委員長、法務大臣政務官など歴任。現在は再び弁護士として奔走している。

この国の悲しい姿
「人権」と暴力団排除

安田好弘
（聞き手：宮崎学）

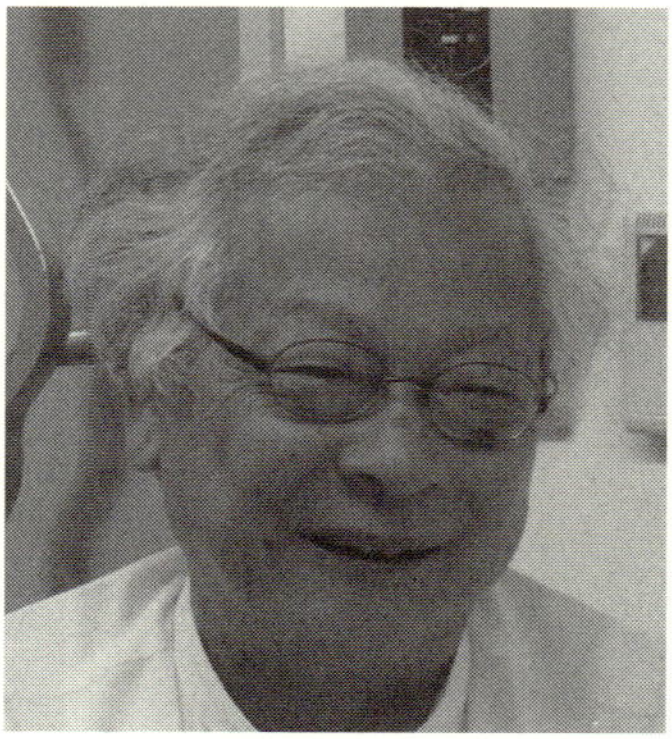

日本に人権はあるか？

――安田さんにお聞きしたいと思っていることはいくつもあるんですが、まずはものすごく基本的だけどわかりにくいテーマである「人権」についてです。「暴力団員」に対してだけではなく、被差別部落民や在日など特定の立場の人たちへの差別については、常に「人権侵害」という問題が出てくるわけです。

でも、そもそもこの国に「人権」というものがあったんだろうかと。最近は特にそんなことを考えているんです。

ものすごく難しい話ですが、「日本に人権がない」というのは、直観的に僕も感じますね。人権は、日本で存在したのか。あるいはそれが守られたのかと問われれば、ノーと言うしかないですから。

人権の本質というのは、やはり少数者、つまり差別された、迫害された、孤立した、孤立させられた、そして排除された、そういう人たちの権利がどれほど大切にされているかにあると思います。

そういう人たちの存在そのものが大切にされて、その人たちの怒りとか悲しみや苦しみとか、それから孤独にしろ絶望にしろ、そういうものがどれほど理解されているかということが「人権」であろうと思うんですよ。

その点からすると、今の日本には「人権」は存在しえない。もちろん過去にも存在したことはなかった。

現在よく言われる「人権」というのは、「思想・信条の自由」のことでしょう。でも、これはいわばインテリの自由なわけですよ。インテリには昔から人権はあったんです。つまり、人権なんてインテリ限定の自由でしかなくて、迫害されている側は、ただ権力を持っていないだけの話。これは権力闘争の問題だったわけです。

――なるほど（笑）。根本は全く変わらないと。インテリの間だけの話だから。

彼らインテリの人権というのは、命よりも思想・信条が先に来ちゃうわけです。たとえば死刑は、命を奪っちゃうのに、インテリからすれば、死よりもっと大切な人間としての矜持とか、尊厳とかそういうものが先に立っちゃうんですよ。

だから、彼らは尊厳あるいは思想・信条や学問の自由が侵害されたら怒るけれども、命が奪われても怒らないんですよ。なぜかといえば、そこには「命よりも大切なものがある」というインテリの発想があるからですね。

しかし、本当の人権というのは、そんなものではなくて、もっとドタバタの、生きていくこと、食っていくこと、そして生活していくことですからね。そのレベルの問題なんです。

だから、そういう意識のないところで人権を云々したって、実像としての人権じゃないし、みんなで共有できる人権じゃない。それが日本における「人権の実態」だったんだろうと考えますけどね。そういうインテリ意識の中だけで人権問題がずっと動いてきているわけでして、これはつまり人権を侵害される側と人権を侵害している側とが、実はいつでも共闘できるということです。なぜ共闘するかというと、世界全体が危機になった場合は自分たちの利権を守らなければならないからだと思います。

そこで何が起こるかというと、一国平和主義的人権、つまり一国人権主義ですよ。これは一国を一つの円盤のようなものと考えると、その円盤の幅の問題になる。

「日本」という円盤の中に中国人や韓国人がいれば排除して、日本人なら無限定で受け入れることになる。でも、実際には中国人や韓国人を排除しても住みづらい。そこで円盤の幅はどんどん狭くなって、「異端」の範囲がどんどん広くなってくる

今は円盤という「円形劇場」の中だけが自由で、外はダメだというふうになっている。

しかも、この間どんどん円盤が狭くなってきている。やっぱり社会の豊かさが減っているからでし

ょう。「人権」と言っている人たちの共有の資産がどんどん目減りしているということだろうと思いますけどね。

「オウム以前」と「オウム以後」の社会の変容

――僕が常々感じていたことなんですけれど、今の排除の論理の中で人権や思想・信条の自由の問題、警察権力なんかのあり方とか、裁判所のあり方というのは、九五年のオウム事件以降、大きく変わりましたよね。

それはもう、変わりました。

――それで思うんですけれども、一つは、二〇年前、九二年の暴対法施行の時と現在は本当に違う。九二年の前後は、暴対法には宗教者も含めてけっこう反対の声が上がっていたし、メディアも取り上げた。デモも行なわれましたよね。でも、今回の改定では宗教者たちを含めて反対する人はものすごく少数派です。

そこで、人権の問題、思想・信条の自由、宗教の自由の問題なんですけれども、オウム真理教を信じている彼らの宗教の自由というのは一体どうなったんだろうかと考えたりしているんです。

オウムは全く宗教と認められてないから、宗教の自由のラチ外に放り出されていますよね。良い宗教と悪い宗教があって、悪い宗教は宗教ではないと言うわけですから、鎌倉時代と一緒ですね。

――そういうことでしょう。だから、宗教人たちの対応はどうだったんだろうかということで考えると、宗教の自由というのは、自分が信じている宗教や宗派と違うものがあるというときにどうするかということもあるのではないでしょうか。

自分たちの信教の自由が抑圧されたら怒るけれど、違う宗教の人が抑圧されても放置しますよね。「彼らの信教の自由を保障しろ」とはまず言いませんね。ましてはオウムの信者の人権など決して守られません。

これは宗教の問題だけじゃなくて、日本のいろいろな、たとえば結社の自由に関わる部分についても言えることであって、たとえば過激派への抑圧に対して、旧左翼は声をあげない。むしろ権力に手を貸しますよ。

こういうことからわかるように、自分たちの党派や宗教は大切にしなきゃいけないけれど、そうじゃない人たちに対してはものすごく冷たい国だなと思います。

だから、いわゆる人権派とされる人たちの論理は普遍性を全然持っていない。これは何なんだろうと思っているんですけれど、そのことについてはどうお考えですか。

側面というか、細かいところは違うでしょうけれども、実感として同じですね。

今回の暴排条例も暴対法についても、自分たちは「国家が暴力団を取り締まれば自分たちも安全に存在していけるんだ」と思っているんです。

本当は、自分たちが規制されているはずなのに、実は規制されていない側に自分たちはいると思っている。

端的に言えば、「自分が規制対象になっていないことによる安心感」というか。しかも排除性が強い安心感ですね。たとえば宗教団体でもオウムが弾圧されれば、「自分たちはオウムじゃない」と安心する。つまり国家安泰というか、国教に近いようなところに自分たちの宗教も存在していると。そういう存在の中に自分の安心感を持てるんですが、それだけでなく、彼らはオウム排除までやってしまうんです。

新聞社でもそうですよ。Ａ新聞社が弾圧されたって、自分たちはそうじゃない、関係ないってやっていますよ。

――弾圧されるあいつらがバカなんだと。

そう。そういう形でしか物事を見ていかないわけですよね。

ところが、僕から言わせれば、本当は宗教って、ものすごくゾクゾクして、誘惑的で、ものすごく危険でさ、人の見方や生き方を狂わせてしまう威力がある。だって、来世を信じさせて、今の世を平気で捨てさせることもあるでしょう？　あるいは男も女も、つまり性さえも捨てさせようとするわけだから、麻薬以上の危険なものなんですよ。

宗教は本来そういうものなのに、全くそれを認めないのが現代社会だったんですね。それは逆に言えば宗教の堕落かもしれないけれども、もっともっと本質的なところは自分が服従させられている、服（まつろ）う側にいるという、その精神構造……。

――安心感みたいな？

それがあるんだろうと思う。言わば権力との距離感。もっと言ってしまえば天皇との距離感ですよ。その距離感の中にいる。

ところが、さっき円盤の話をしたけど、そこから落ちるか落ちないかというところはものすごく重要なところですよね。

だから、「じゃあ宗教とは何だ」とか、「信教の自由ってほんとに皆さんは考えているのか」となったら、そんなもの考えちゃいないわけですよ。それは信教の自由を人権と同じように否定されて迫害される人たちの権利をどれだけ保障するか、という話なんですよ。

たとえば、オウム真理教における信教の自由と言うんだったら、それを純粋化すれば、どんなに危険だって、異端教義を持ってたって、それは全く自由なはずなんですよ。今は「人を殺してもいいんだ。それは善を施すことだ。」というような教義を持っていたら、必ず新しい法律が作られて団体規制法以上の厳しい規則の対象になっちゃうと思うんです。そういうことなんですけどね。

モンスター化する被害者

――次に被害者の人権についてもお聞きします。安田さんは光市事件の弁護人もされてますけど、あの事件もいろいろ示唆的でした。

あの事件では、大衆が被害者の人権というか、被害者遺族の人権論みたいなところが一人歩きしました。たしかに妻子が殺されれば同情論は集まるけど、その結果として被害者遺族がモンスターになっていった。それで死刑判決に到るわけです。

これには問題が二つあると思うんです。一つは、今言われている被害者の人権論は、暴力団排除における住民デモがさきがけなんじゃないかと思います。「こんなヤツは町内から出ていけ」というような。

最初は、（八五年の）静岡の住民運動からですかね。

――そうですね。あの頃は「排除はおかしいんじゃないか」という意見も多かったんですが、この運動は思想上、発想上は被害者人権論に非常に似ているところがあるんじゃないのかなと思うんですね。たとえば被害者の人権論を拡大していくと、現在の法律の根本的な精神といいますか、法の下の平等など当たり前のことが細かいところで全否定されてしまう。これには何とも言えない、砂を噛むような思いがします。

僕は被害者人権論の持つモンスター性みたいなものが非常に気になるんです。つまるところ、世論が判決を決めてしまうという怖さを感じるからです。

裁判は、証拠と法律に基づいて審理されて判決が下されなくてはならないのに実際は違う。その時代の世論の風向き次第で何とでもなるんだというのが、光市の事件の裁判なんかでわかったことなんじゃないのかなと思うんです。

だから、被害者やその遺族がメディアを通じて言ったり書いたりしたこと、つまり証拠や法律と関係ない感情論が裁判に影響しちゃうんですね。大事な人を殺されたら怒るに決まっているじゃないですか。それは裁判とは関係ないんだけど、世論が「不届き至極。死罪を申し渡す」と言い出して、裁判所もそれに従う。そうなると、徹底した厳罰主義になっていかざるを得ない。従来あった裁判の原則である法律の原理が既に破壊されてますよね。安田さんはどう思われますか?

まず「被害者の人権」という言葉自体がね、全く違う形で使われているんですよね。実は人権というのは、「国家」と「個人」の関係なんですよ。ところが昨今使われている被害者の人権とは、「加害者」と「被害者」の関係であって、「個人」対「個人」の問題なんですよ。

——言ってみれば「民・民」の関係なんですね。

そう、「民・民」なんですよ。それは人権じゃないんですよ。「お隣りさん」同士の「どういう形で生きていくか」とか「どういう関係を切り結ぶか」だけの問題で、それは人権という問題じゃないいんですよ。

ところが、「被害者の人権」の関係でよく言われているのは、「加害者側が保護されて被害者側が保護されていないのはおかしいじゃないか」という言い方なんです。

そうすると、そこで出てくるのは必ず「被害者側がこれだけ苦しんでいるのに、加害者側は思ったより苦しまない。苦しんでいないのならもっとひどくやってやれ」という話に変わってくるわけです。それはもう人権のレベルの話ではなくて、国の被害者側に対する対応の貧しさが跳ね返っちゃって加害者に飛んでいるだけの話なんですよ。

実は、「被害者の人権」という声が大きくなればなるほど、何かというと国の責任はどんどん低減化されていっちゃって、「個人の仇打ち」つまり、仕返しの話に切り替えられてしまう。

仇打ちの話ならまだいいんですよ。仇打ちというのはやっぱり江戸時代に作られた制度的な問題ですから。ただし、それは一種のパフォーマンスであり儀式だったんです。

ところが、現代社会はそうでなくて、感情だけの話になってくる。その感情の話というのはリンチなわけですよね。リンチだから、極めて凄惨で残酷なんだけど、それを見て時には参加して第三者が溜飲を下げる。実際には会ったこともない人たちのことなのに、メディアに触発されて「許せない」「やってやれ!」と騒ぐだけの話なんですよ。しかも、その中身というのは極めて攻撃的なんです。

とにかく攻撃的だからそれに対して「ちょっと待てよ」という話ができないし、ものすごく感情的だから「ちょっと冷静に議論しようよ」とか「ちょっと考えてみようよ」という話もできない。だから、インターネットなんかで一挙にバーッと拡がるんですよ。まさに燎原の火のごとく。

もともと「身内を殺された」ことに帰因する感情だから共感を呼ぶし、共鳴して、それはすごい速

さで拡がっていくわけです。しかも拡がり方は、普通だったら拡がれば拡がるほど力は弱くなるんだけれども、感情だから拡がれば拡がるほど力を持つんです。どんどんね……原子力と一緒ですよ。火力を持ち始める。

そういう感情というのは、実は「性格」なんですよ。それが「人権」という言葉を使って、冷静な「装い」のように語られる。本当はヒステリーなのに、なんかものすごくまっとうなことを言っているように聞こえるから、さらに拡がる根拠を持ってくる。それが単なるヒステリックな感情だということに誰もなかなか気がつかない。

だから、宮崎さんが言うように砂を噛むような、あるいはわけのわからない話になってくる。それに、もう砂を噛んだって何をしたってもう納まらないぐらいの状態になってきている。

しかも、「この感情はいつか燃えきる」というと、そうじゃないんですね。必ず沈潜していって思想に影響を与えてくる。価値観に影響を与えるんですよ。

やっぱり被害者遺族の感情というのは、「亡失感」つまり、二度と戻ってこないことに対する悲しみなんでしょうがこれが加害者に対しては「憎しみ」という形で表現されるんですよね。もう一つは「恐怖」。

加害者に対して、この二つの感情があるから、「憎いから叩け」と「怖いから抹殺してくれ」となります。だから、苦しめてなおかつ抹殺するという話になるわけです。人間のものすごい原始的な感情である怒りと恐怖に訴えてくるわけですから。固着し限りなく拡大していくんですね。

こうなってくると、どこかで意識的に、意図的に、国家なりがそういうものを外していかないとダメなんですよ。

実は、近代司法というのは、そういうものからとにかく脱却しようとして司法を独立させ、法律を作って法定主義にしたと思うんです。

法定主義といえば、中世イギリスのマグナ・カルタ（大憲章）が代表的ですよね。あれは、王の権力から何とか自分たちを護ろうというのが発端でした。つまり法律を盾に取ったわけです。

しかし、「市民からのリンチ」にはそういう手続きはなかった。「すべてを裁判にかけろ」、そして「刑罰は法律で定めよう」となったんです。「人を殺した者は、死刑又は無期若しくは五年以上の懲役に処する」（刑法第一九九条）と定める。それ以外はダメ。窃盗した場合は十年以下の懲役又は五十万円以下の罰金なんです。

これは実はものすごく古くて、「目には目を」の古代ハムラビ法典から起こっているわけです。つまり「目をつぶされたら相手の目だけにとどめなさい。怒ってそれ以上の仕返しをしちゃダメ」という、その頃からの人間の知恵なんです。憎しみとか恐怖の感情だけで罪を裁いていくと大変なことになっちゃうというので歯止めをかけてきたわけです。

だから司法はちょっとずつ分化して、純化して、感情に支配されないような橋頭堡（きょうとうほ、よりどころ）を作ってきたはずだったんですよ。でも、いつの頃からか脆くもそれが崩れてきた。オウムの地下鉄サリン事件は大きな転機でしたし、光市事件でもそうだったんです。

たとえば、オウムの信者の場合、罪を犯してもオウムを脱退すると言えば執行猶予。そのまま続けるというと実刑とか、そういう判決を平気で出します。そんなもの、その人の罪の重さと関係ない話ですからね。信者のままならまた事件を起こすかというと、そんなことはないんです。信者ゆえに再度事件を起こしたという人はいませんよ。ところが、それが平気でやられるわけです。

光市事件も十八歳一か月の子どもを強姦殺人で死刑に、というのも大変なことですよ。強盗殺人でもないのに。それを平気で死刑にしちゃうわけですから、それはもう感情の世界なんですよ。

じゃあ司法はそういう社会的な感情とは離れて、司法独自でできる体制を持っていたじゃないかと……死刑でも無期でも、刑罰そのものとは被害者感情も含めた上での重さですから。それはすでに折り込み済みなわけです。今までは、それを折り込んだ上で法の適用をやっていたわけですよ。

しかし、それが一気に崩れてしまったのは、なぜなのか。これはもう、単純な現象と言うしかない。やっぱり、「国民の声」が一気に押し寄せた感じです。警察にも検察にも押し寄せるし、裁判所にも押し寄せる。ゴゴーッという感じで。

ウチの事務所に毎晩抗議電話が来るのと同じようなものが起こったわけですよ。そういうものに警察検察とりわけ裁判官は耐えられないわけですよ。彼らは正義だったわけですから。

社会から非難され孤立することへの恐怖、言い方を替えればポピュリズムへの逃避だと思います。

幼稚化する司法と大衆

——それは、判決を言い渡す裁判官の信条をポピュリズムという波が呑み込んでいくことだと思うんですけれど、それほど脆弱な魂なんですかね。

でしょうね。というのは、ほとんどの裁判官は「エリートでかつ安定して、尊敬される仕事だから」裁判官になってるんです。たとえ自分の出した判決が非難されても、その法律を適用するんだというところからのスタートじゃないんですよ。

日本の法曹教育の原点は、司法原理主義です。全て法律で物事は解決すべきであり、感情とか利害とかそういうものじゃないんだということです。そして、裁判官は裁判官で独立して、どんな圧力にも屈しないということなんだけど、今はそういう司法の独立を声高に言う人はいません。最高裁長官も言わない。「司法の独立を守ります」って言う人は誰もいません。

一方、弁護士も「私たちは社会正義のために闘います」って言う人もいないんですよ。むしろ今どきこんなこと言う人は眉唾ものなんです。本来は当たり前のことが、当り前でなくなっちゃっている。じゃあ弁護士の発想は何かといったら、それは大企業の顧問をやったりして、国際法も手掛けて、あるいは地域社会で活躍して「将来は国会議員」みたいなエリートですね。あるいはもっと徹底して、地域の財界に入り込んだり、国や自治体の審議会の委員になったりね。つまりエキスパートになることなんですね。

そんなことを考えているから、世論から攻撃されるなんていうことはそもそも考えてもいないし、ましてや攻撃されたときどうするかということも自分の生き様の中に存在していない。

――先ほどおっしゃったように、オウムを辞めたら執行猶予、辞めなかったら実刑というパターンはヤクザにも大いにあります。裁判中に「ヤクザをやめます」という証しを示すと刑が軽くなるんです。

僕が気に喰わないのは、その示し方なんです。組が破門した場合は、「何年何月何日に○○を破門しました」とか書いて関係団体なんかに出すわけですが、その回状を持って警察に行って、「確かに○○は脱けた」と警察からお墨付きをもらうんです。そこまでしないとダメなんですね。

もう一つ、だいぶ前ですけど、こういうことがありました。

私の知っている下っ端のヤクザが暴力事件で逮捕されて、弁護人をどうするかという話になった。彼は過去に国選弁護人に頼んだら何もしてくれなかったという経験があったんで、もう国選はイヤだと言う。そこで、共産党系の弁護士なら貧乏人の味方として引き受けてくれるだろうと頼みに行ったんです。

そうしたら、若い弁護士だったんだけど、「ヤクザを辞めたら弁護してやる」と言うんです。僕はそれにカチンと来て、「じゃあ共産党員が泥棒して捕まった時に『共産党を辞めたら弁護してやる』と言われたら、お前はどういう気持ちになるんだ」という話をしたわけです。

だから、司法の一方の担い手である弁護士の問題意識も非常に歪んできているという感じがするんですよ。

歪んだというか、幼稚化していますよね。人間はもっと複雑で、社会も生活ももっとわい雑で、ヤクザというのはそんな単純な話ではないだろうと思うんです。

それはもう「ヤクザ＝悪」なんていう、そんな発想がバカバカしいというか……。

それはもう「思想的におかしい」のではなくて、「思想的に幼稚」という以外ないんだろうと思うんですよ。価値観においてもね。その人の持っている思想がどうしょうもないと思うんですね。

もう少し細かい話をするとね、たとえば昔はヤクザを辞めると軽くなるというのはたしかにそうだったんですよ。もちろん裁判所は「あ、コイツはまたやるな」とわかってるんですが（笑）「辞める」と言うのは、罪を軽くしてもらうための方便だと気づいていても、「よっしゃ、よっしゃ」という感じだったんですよ。それはそれなりの言わば大人の世界でね。ヘンな言い方かもしれないけど、ガキの世界じゃないですよ。

ところが今は、裁判所がどんどんガキっぽくなってきて、ヤクザを辞めますと言ったって信用しなくなってきた。「また嘘ついている」って話なんですよ。でも普通の大人の世界なら、「明らかに嘘ついているけれども、まぁ辞めると言っているんだから、それは殊勝だから、認めてあげよう」ということになるわけです。お駄賃の一つでもあげようかと。

最近はもう本当に裁判官そのものが幼稚化しちゃって、本当に辞めるのかどうかを審査するわけですよ。でも、本当に辞めるのかどうかなんて、わかりっこないですよ、そんなもの。辞めたくたって辞められないっていうのもいくらでもあるんですから。ヤクザとしてしか食っていけないんだもの。「シノギをやらなくたって、ちゃんとアンタを食わしてやるよ」って保障されたら誰もやりませんよね。そういう世界ですからね。そういうことをほとんど理解がないもんだから、本当に辞めるかどうか自分の目で判断できないから今おっしゃったようになると思うんですけどね。警察のハンコで信用するわけです。いったい何なんでしょうかね。

だから、やっぱり日本全体が幼稚化しているというか、とりわけ権力を持っている側が幼稚化しているということだろうと思うんです。

ラベリング社会の怖さ

――暴排条例と暴対法のもう一つの問題は、ヤクザ以外の人間も規制することですよね。警察発表によると、指定団体の構成員と準構成員は約七万人くらいなんですけど、この準構成員の定義の見直しを含めて周辺の人間たちにも全部網をかけるということです。

総体としてすべて「反社会勢力」と呼ぶというふうになっているわけです。仮にベースになる数字が七万人として、奥さんも子どももいるだろうし、親もいれば兄弟もいるだろう。七万という基本的な数字に、知っている人をその関係者ということになってくると、いくら少なくても五人ぐらいはいるでしょう。

もっといるかもしれないけど、仮に五人としても三十五万人ですよ。三十五万人の人に反社会勢力というレッテルを貼って、銀行口座から何から全部取り上げる。

全国銀行協会あたりが「有能な」弁護士にカネを払って「反社会勢力といかにつき合うか」みたいなマニュアルを作るという時代に入っているわけです。

この数十万人に及ぶ人を全部排除しようとすることにつながっていくんだという危機感が全然ないんですね。

何十万人という単位の人を排除したら、社会はやっぱり歪んでくると思うんですよ。その歪みのほうが実は恐ろしいことになるんじゃないのかというのが僕の意見なんですけれども。それが平気でできる世の中になってきたということですね。これは、どう考えますか。

僕はちょっと違う考えですね。三十五万人の人たちを社会的危険人物だという形で排除すると社会が歪んでくるかというと、そうではないと思う。

おそらく在日の人たちとか被差別部落あるいは沖縄の人たちへの差別は、その位の規模以上にいくらでもあるんです。だから、そういう差別の形として、誰かを隔離したり排除したりするくらいのことは社会的には常態化していると思います。むしろ歪みよりも社会的安定をもたらすかもしれませんよ。

問題はそこではなくて、かつての「赤狩り」みたいな感じで、「あいつは暴力団だ」「暴力団関係者だ」とかいってどんどんラベリングをしていけば、それはおそらく百万人近くなるだろうと思うんですよ。それがおそらく歪みにつながってくるんだろうと思うんですね。

でも三十五万人の人が差別されて迫害されたところで、それは社会をむしろ強固にすると考えているから、権力はやっちゃうんですよ。

ところが、彼らが大間違いしているのは、それが百万人単位で拡がると……そしてたとえば今の総理の息子がヤクザだという話でどんどんラベリングがやられていくと、社会全体がラベリング社会になってゆき、恐慌状態になってゆくと思うんです。そしてそこに、全体主義が生まれてくるのではないかと思うんです。

マッカーシズムからファシズムへ

――いま赤狩りのお話が出ましたけど、僕は大阪の橋下徹市長の政策と差別を見て行くかを考えた時に、五〇年代のアメリカのマッカーシズムに近いことなんじゃないのかなと思うんです。

ヒステリックに「共産主義者を排除しろ」となって、あの喜劇王チャップリンまで「赤」だということで排除したわけです。僕は、その段階は一つの段階であって、実はアメリカ社会に与えた負の影響というのは、ものすごい深刻なものだったでしょう。

それはどういうことかというと、これも古い言葉なんですけれども、アメリカは「反ファシズム」で、スターリンとも手をつないでいたわけです。そのときはアメリカ国内における共産主義者の地位というのは比較的安定的だったわけですよね。

それで、アメリカの特徴である自由なる社会、まあこれもある種の幻想なんだけれども、当初は、それは共産主義者も含む自由だったんですよ。ところが、マッカーシーによる赤狩りが終わった段階では、それは「アメリカでは自由は保障される。但し共産主義者は含まず」という、〝但し書き〟のつく自由になってしまった。

それが五〇年代の初期にあって、その結果としてアメリカが六〇年からのベトナム戦争に突入していくことにつながっていくんです。簡単に言うとそういう経過ですよね。

注意したいのは、マッカーシーそのものは五年ぐらいで政治家としてはダメになっているんだけど、マッカーシーがアメリカ社会に与えた影響はずっと続いていて、というかむしろ後になって効いてきて、今みたいな「アメリカ」という化け物みたいなものができちゃっている。そういうふうに見てているんですけどね。

だから橋下の政策も、ひょっとしてそういう可能性があるんじゃないのかなと思うんです。いろいろな人が「ハシズム」とか言っているけど、実はファシズムよりもマッカーシズムに近い存在なんじゃないのかということをずっと考えてきたんです。

それでは、橋下は、日本は、この先どうなるのか。今の日本は警察庁の主導で、いろんな人間、ヤクザでない者にも「反社会勢力」というレッテルを貼って排除しようとしているわけですが、この一連の排除のバックになっているものは何だろうかと思っているんです。かつてのような帝国主義的な、あるいは軍国主義的な内容ではなくて、「より清潔な顔をしたファシズム」みたいなものが生まれてくるんじゃないのかなぁというふうに以前から考えてきたんです。

おっしゃる通り、排除の先はやっぱりファシズムですよね。もうそれしかあり得ない話で、排除の先に自由な社会なんて存在しない（笑）。

排除の先というのは何かといったら、やっぱり一つの価値観しかなくて、その価値観がどんどん増殖される。社会全体が「みんな同じじゃないとダメだ。列を乱す奴や風紀を乱す奴は許さない」と。これはまさにファシズムそのものだと思うんです。

僕は、マッカーシーについてはそんなに知らないんだけど、マッカーシーがいなければおそらく現在のアメリカはもっと違う形で存在したでしょうね。

公民権運動ももっと早く起こったでしょうし、メキシコや中南米との付き合い方も変わっていたと思いますし、アメリカの中のユダヤの力関係も変わっていたと思います。。

それはそれとして、僕の持っている印象の中のマッカーシーと橋下との違いは、マッカーシーは共産主義者排除のために頑張っちゃったけれども、それで終わってる。でも、橋下は若くてまだ成長していっているというか、どんどん肥大化していますよね。もうモンスターになりつつあるという感じがしてならないんですよ。

だからもうマッカーシーを遥かに超えちゃって、その後のアメリカ社会はハリウッドから始まって、もう西海岸から東海岸まですごいダメージを受けたんだけど、橋下はそれどころじゃないじゃない。もうブルドーザーで潰して回っていくというぐらいの、彼はモンスターの力を持っているのかなという感じがするんですけどね。

排除する側と排除される側

——なるほど。もう一つ、「排除」と「被排除」の問題も考えています。排除される側のことばかり僕は考えちゃうんですけれども、排除される側が逃げる道というのは、実は排除する側に行くしかないんですよね。

だから、僕が橋下の問題で思うのは、本来は橋下に排除される側にいる人間が、橋下の側に立つことによって排除側に回れるという、その簡単な力学の上に、今ドドーッと雪崩のように橋下の側に擦り寄って行ってしまっている状態が起こっていると思うんです。

そうですね。僕は、擂り寄りには二種類あると思うんです。おっしゃるように既存の民主党政権とか自民党政権から排除された人たちが彼の回りに集まってきているんですね。

それからもう一つは、どっちの政権だろうと浮かぶ瀬がなかった人間が入り込んでいってるでしょ。ですから言い方を変えると、みんなの夢と怨念がそこに全部集まっちゃっている。それが坩堝のようになってくるから、僕は橋下は大化けする、モンスターになるという気がしてならないんですよ。

これは、アニメ的な話になるけれども、人間は食べ物の栄養によって太るんじゃなくて、憎しみとか不満感、不全感のような負のエネルギーで肥大化するんです。ものすごいでかいエネルギーになってくる。

食べ物だったら食べ過ぎても下痢するぐらいの話だけれども、感情とか情念が入ってくると、もう化け物になってくるのかな……無限に膨大化していく、そんな感じがしますね。

——今回の暴排条例とか暴対法改正の中では、そんな感じで排除の論理が出てきているんだと思いますね。

反対したら排除されてしまうと……突き落されてしまうということですね。ですから、誰も反対しきれない。自分は少なくとも排除される側ではなくて、排除する側に留まりたいということで沈黙しちゃうんですね。

でも、これが厚生労働省の主導だったら、別に誰もあまり言わないですよね。警察庁がやっているものですから、実に怖いわけですよ。最終的にはピストル、あるいは牢屋の話です。つまりピストルや牢屋を持っている人間が、こんな思想的なことをやるのは、本来なら絶対にダメなんです。彼らが思想とか差別とか、今回のような道徳に手を出したら怖い。特に道徳は最も怖い。道徳に反する奴は全部どうなるか。もちろん牢屋に入れられるんですから。そこなんですよ、問題は。

——さっきも少し出たけど、ヤクザの場合は、今は必ずと言っていいほど排除の際に住民運動が起こるんですよ。住民運動を排除の根拠としてやるわけですね。

今回の暴対法改定案の特徴の一つは、住民運動の立ち退き訴訟等を住民に代わって各都道府県の暴追センターが代行できるようにすることなんです。

今までなら仮に「暴力団事務所がウチの町内にあって嫌だ」と思う人がいたら、自分で訴訟を起こしていた。

裁判官はほぼ訴えのとおりの判決を下すことが多いんですけれども、しかしながら、原則としてはそこに住んでいる人がそれなりの理由をもって自分の法的要求として裁判所に訴えるということですよね。

そうじゃなくて、それを暴追センターつまり警察が代行するというのは、僕は歪みじゃないかと思うんですね。


たしかに住民訴訟で、ヤクザの事務所を閉めさせるとか、明け渡しを求めるとかいうのをやってきていて、裁判所はちゃんとそれを認めてきたわけですね。今までの民法とか借家法とかではそういう住民訴訟が認められるのはありえなかったんですがね。

——そもそも財産権の問題でしょ。


そうです。財産権はやっぱり国家との関係以外の場面では不可侵であったはずです。ところが、これが誰が住んでいるか、何に使われているかによっては、たとえ第三者であっても明け渡しを求めるという法律の解釈あるいは法律の適用が公然と認められてきた。

しかもそれを担ったのは、弁護士の民暴グループなんですよ。民暴グループを支えてきたのは弁護士会であるし、同時に警察でもあったわけです。だから暴追センターがさらに代理行為をもやるというような素地はずっとあったわけです。

今回の暴追センター集中方式というのは、今までよりもっと手軽に、もっと簡単に、つまり法律の適用も解釈も、暴追センターでやっていいと。しかも裁判所ではプラグマティックに、あるいはシステマティックにやってもいいぐらいの解釈も運用も出てきたので、そろそろですね、民暴センターとかそういうところからも掬いあげて、本家に一本化する、というだけの話だと思います。

今回の暴追センターは、暴追センターそのものが天下り先ですから。しかもその基金は何かと言ったら各地方公共団体が拠出しているわけですよ。

結局、公金による公の職員が存在して、しかもその役割というのは暴力団追放だけを目的にしている。暴力団の人たちの生活などは何にも考えていない。ただ追放、排除しかやらないわけです。

それが今回、正面に出てくるわけでしょう。ということはいよいよ形が完成したんですよ、つまり警察はそこまで手を出せないから、警察のいわゆるクローンが第二警察になって、警察に変わってやる。民暴警察と言うんでしょうね、暴追センター専属の弁護士も登場すると思います。

すなわち今までまがりなりにも民間がやっていたのを全部取っちゃったというだけの話で、彼らの利権拡大でないかと思いますね。

他方で暴追センターに承認されないような暴力団排除運動は潰されるわけです。

——今のお話で同感するのは、暴追センターという存在が訴訟の代行という行為を明文化しようとしているわけですけれども、「訴訟の代行」という言葉の中に非常に危険性が隠されていますよね。すなわち暴追センターがやるということになったら、それはもう判決と同じ力を持つでしょう。

それと、個別の案件は関係なくて、訴訟の流れもシステマティックにやれるんです。これは、サラ金の過払い請求の裁判ともよく似ているんですけど、決まった書面を出せば、もう自動的に裁判所は何の異論もなく認めて、要求通りに判決を出すということです。だから実質的に排除される側の抗弁権が極めて薄くなっていってしまうという、そういうものではないのかなと思うんですけど。

現在もそうですが、訴訟行為は原則として弁護士に限られていたわけです。その大きな理由は、弁護士はどこからも監督を受けないから。独立性を保っているんです。日本の民間組織の中で監督官庁の存在していないのは弁護士会だけでね。ですから、弁護士が訴訟などを担当、つまり委任を受けてやるということに大変大きな意味があるわけですよ。

ところが監督官庁が警察であったら、どうなるでしょう？　監督官庁は、その組織のカネの動きも押さえられるし、解散だってさせることができるわけです。そうなったら、弁護士の排除だって簡単ですよ。

訴訟行為そのものを警察の下部団体である暴追センターが担うわけですから、当然ながら警察の思うように訴訟行為をさせるということになってきます。もう弁護士の実体的な解体に近いものになってくるんだと思いますね。それで暴追センターに言いなりの弁護士ばっかりになって、まっとうな弁護士をどんどん排除していくと。言うことを聞かない奴を、あるいは屁理窟をこねる奴を全部排除していくんです。

それで、訴訟そのものが監督官庁のお墨付きがあるというだけで決まる、つまり一種の行政処分ですよね。今の裁判所は当然それに乗るだろうし、そうなると対象とされる側には、弁護士もめんどくさくて受任しなくなる。今だって、ヤクザの事件は受任されてない、ヤクザが泣き寝入りする事件はいっぱい起こっていると思います。

そもそも組を脱けても、各自治体の条例はほぼ例外なく「組を脱退して五年を経ない者」は「暴力団員」と同様に扱うとしています。そういうところで不当に排除されている人はいっぱいいると思います。誰も文句を言えない、訴訟も起こせないというのが現状だと思いますね。

カタギもターゲットに

——暴排条例施行の一つの実例なんですけども、条文に「勧告をして応じない場合は氏名公表」としている自治体は多いんですね。

でも、私の関係者が「暴力団員と交際している」と氏名公表された時は、事前の勧告はなかったというんです。条文どおりなら、まず勧告があって、言うことを聞かなければ公表をして、それでも言うことを聞かなければ処罰するという段階を経るんですけれども、勧告と公表という段階で抗弁する機会が一度もないという……。

ああ、そうですか。僕はそれは知らなかったですね。

——そういうものなんですか。

いえ、普通は行政処分にも適正手続きの保障ってありましてね、免停になるだけでも弁明の機会を与えるわけです。免許取消であれば「聴聞会」を開きます。つまり、「あなたはこうやりましたので免許取消の処分にしようと思うのですが、反論はありますか?」と聞いてから結論を出します。それが省略されるとしたら、憲法違反ですよ。

——そうですよね。私が聞いている話では、指名入札の書類なんかを出す時に「反社会勢力や暴力団と付き合いません」とか「暴力団員を作業に使いません」とか書いてある誓約書みたいなものを提出させられていたんです。この誓約書を提出させることが「勧告」なんだと言っている。

もう一つ問題があって、条例で取り締まられた人たちは公共事業の入札に参加できなくなって民間の仕事もガクっと減ります。でも抗弁の機会はないし、自分からも抗議できません。それは指名停止の期間が半年とかにされていて、「半年経てばまた仕事をもらえる」と思わされているからなんです。そんな保障はどこにもないんですけども、それが解除されない限り、仕事が取れないんです。

だから、そのためには「抵抗しないほうがいいんじゃないか」と思ってしまうんです。気持ちはわかるけど、半年後に仕事がもらえるのかどうか。

それで、こういう勧告、公表に至る経過の中で、恐ろしいのは密告（チクリ）合いなんですよ。競争業者がチクるわけですね。「あの会社は、現場で暴力団の若いのを使ってますよ」とか言ったら、それを聞いた警察が調査に来ますからね。

資本主義社会ですから競争はあるんだけど、競争している一方の側からのチクリによって一方が崩壊してそれでチクった方の会社はものの見事にノンキャリアだけど天下りを採用して、経営が安定する。

このように、被害を受けても抵抗しづらい状況が生まれてきているのが現状なんですね。

なるほど。まぁ商売人の弱さですよね。絶対的に弱いんです、彼ら商売人というのは。官を相手にしたら、日々の生活ができなくなるわけですし、従業員とその家族を抱えているわけですから。その弱いところに官がつけ込んでいくということですよね。

しかも、その業者だけが弱いわけじゃなくて、全体が弱いということなんですね。業界全体が弱いものですから、一人で抵抗するなんて、およそ無理なんですね。だからそこの部分の弱いところをちゃんと彼らは見据えたうえでやってきているから、商売人を相手にする規制っていうのは一発で成功するんですよね。そんなに難しくないわけですよ。しかも、どこに行くかというと自主規制が始まるわけですよ、徹底したね。

そして目に見えないところで何が起こるかというと、必ず癒着が起こるんです。業界と、そして特定業者と警察とのつながりが構造的に起こってくるわけですね。だから警察が民間を排除すれば排除するほど、それと全く、同じ量の癒着が起こってくる。そんなことは誰でも、僕なんかでもわかるぐらいだから、わかっているはずなんですよ。しかしそういう癒着によって官民一体の利益集団が形成される。本当はそれを目的としているのだと思います。

ノーと言う人がいなくなったんですよね。かつて暴対法反対の論陣を張った遠藤誠さん（弁護士・〇二年に死去）が頑張られた時期がありますよね。しかし、あの遠藤誠さんでさえ、「ヤクザから金は一銭ももらわない」ということを表明しないと闘えなかった。あの段階からすでに世論は厳しかったわけですよ。

なぜ仕事しているのに金をもらわないのか。しかし、「金を貰う」と闘えなかったんですよ。それほど厳しかったんだろうと思うんです。

でも、あれから比べると、今はもっと酷い状態ですよ。

たしかに暴対法施行の時は憲法違反を主張して頑張ったのに、今は「憲法違反だ」と言う人がいない。あるいは裁判で争う人がいない。あの頃は弁護士会でも政党間でも一部は問題にしていました。しかし今では誰も問題にしない。

それは、僕にはダブって見えるんだけど、橋下のやっていることとちょうど似て見えるわけですよ。もう誰も問題にしなくなった。拍手はしてもね。

――起立して『君が代』を歌っているかどうかを、口の動きを見ているというのは、とんでもない話ですよね。凄まじい話ですよ。

しかもその幼稚さはね。まるで小学校の風紀委員ですよ。

——席を立って起立して歌っているかどうかなんて、社会的に見たら瑣末なことですよ。その歌を嫌いな奴は歌わなくていいんですよ、僕に言わせれば。

歌って、強制されて歌うものじゃない。そんなことを強制すればするほど、表は従うけれども裏では従わない、というのがどんどん出てくるんでしょうね。

——そうでしょうね。ただ、僕は、暴対法、暴排条例で締めあげたら、ヤクザの形は変わっていくだろうと思うんですよ。だから簡単な話、地下に潜らざるを得ないだろうし、やっていることはますます見えなくなるし、何というのかな、より陰湿な犯罪も当然増えるだろうと。検挙率は当然さらに下がってくるし。

そういう点で、国民の側の「体感治安」をさらに悪くさせるし、検挙率も下がっていくだろうと思いますね。ますます隣人を疑うような社会というのが出てくるし、もう一方では、さっき言ったような「チクッた方が勝ちだ」みたいな社会ができてくるだろうと思うんですね。

チクッた方が勝ちだし、そうなってくると、東ドイツ型の治安警察的なものが生まれてきます。東ドイツはたまたまみんなが例に出すわけだけれども、それよりももっと酷いものがもうできつつあるんだというふうに思います。

税金をかけたキャンペーンにも疑問

法務省は異常なほど、この法律とか条例にお金をかけているわけですよ。なぜ法律を作るのにあれだけコマーシャルが必要なんでしょうかね。その先例が裁判員裁判。あれは無限にお金を使ったわけですね。同じことを今やっているんですよ。

——裁判員裁判の定着をするために「謝礼付きの動員」をしてタウンミーティングをして、電通には三十五億円の税金が流れた可能性があるとジャーナリストの魚住昭くんなんかが取材していますね。

それと同じことが起こってきています。裁判員裁判で電通と地方新聞が旨味を味わったわけですが、今回は電通と警察の合作じゃないかという気もするわけです。あの宣伝は、ものすごい量ですよね。しかし、法律なんてあんなに宣伝するものなんだろうか。

たとえば、交通安全も取り締まりしていますけれども、一方では「交通弱者を防衛しよう」という目的がはありますからね。でも、暴対法とヤクザはもっぱら悪虫駆除を謳っているわけですから、全然違うんですよね。

だから、今回の問題は社会をやっぱり根こそぎ変えようという意図を持っているということですよね。しかもそれが人間の浅はかな部分と結びついているから、ものすごく怖いところへ行っちゃう。下手をすればヤクザの人は身ぐるみ剝いで窒息させろということになっていくかもしれない。

——そうなってくると、これはもう冗談ですけれど、早く死んだほうがいいんだね。そう思わない?

（笑）

僕らはいい時代に生きてきましたよね（笑）。

——うん、僕もそう思っています。好き勝手なことをやってきたし。

ただ、これほど悪くしたのは僕らなんですね。実に情けない話でね。中途半端に生活して、なれの果ての狭い価値観で……。

僕らの世代は結局はそろそろ引退して年金もらって終っていくわけでしょう。それなりの備蓄もあって。ちょうど日本がいい時代だったからですけどね。備蓄しようと思えばできたでしょうね。誰もが家を買えた時代ですから。

今は働いたって家なんか買えないですよ。だからほとんどは僕らの世代に食わせてもらっている若者たち……働かずに、いや働けずに、ですね。だからこれだけ失業率があっても一応社会が維持されているんだと思いますよ。それは親が金を持っているから。それももう限界ですよ。そろそろ。

僕らの「反省」

――それから、今は原発の問題がありますけど、これは僕の個人的な感情の問題なんですけど、やっぱり僕達が学生運動に熱中していたときに、原発は実はスタートしているんですね。しかもどんどん拡大していってますよ。

――僕たちの問題意識のかけらの中にそれがあったかどうか。なかったんですよ。僕は東海村と言われたって全然ピンときませんでしたからね。

――だからね、そこが如何ともしがたいような気持ちになる。僕たちは本当にバカだったんだなぁということですよね（笑）。

だって、「原発は平和の火」とか「平和利用」という、ああいうものにだまされたというのは誤りで、そもそも関心外だったですよ。恥ずかしいことですが、政治課題一辺倒でした。

――僕はその頃は共産党員だったでしょう。それで原水禁運動があったわけですよ。じゃあソ連の核実験をどう捉えるんだ、という話になったことはあるんです。中国の核実験もあるんですけれど、「社会主義国の放射能はキレイな放射能」だという話があったんですよ（笑）。今から考えたらとんでもない話なんですけどね。

放射能だけじゃなくて、僕なんかは……こんなこと言ったらもうザンゲ合戦になっちゃうけど、「中国の文化大革命はいい革命だ」と拍手したもの。

――確かにある種の秩序体系というものを壊したというのはいいことです。それは確かにあったんですけどね。

でも、それは民から起こったものではないくて、官製だったんですよ。それを見抜けないバカさ加減なんですね。

――だから「官製デモ」という言葉があるんですけれども、これは一番最初に使ったのは韓国の軍事政権なんです。アウトローを使って野党に殴り込みをかけさせるデモをやったり、あるいは与党の中の反対派を潰すためにデモをやらせたりするのを官製デモと言うんです。

金大中あたりは一番それを批判したものなんですけれども、官製デモという言葉は、実は軍事政権が反対派を排除するためにやったものなんですね。だから実は文化大革命も官製デモ的な要素があるんですね。

僕の反省の最たるものはね、「毛沢東万歳」と、「万歳」という言葉を使った段階で、もうこれはアホかと思うべき話だったんですよ。そうでしょう？　「天皇万歳」と言ったら批判して、でも「毛沢東万歳」だったらいいんだと。そんなことに気がつかないバカってね……ほんとあそこですぐ気が付くべきだった。

――話は戻りますが、本当に反省しているのは原発というものに対する無神経なんです。そしてやっぱりその後ここまで生きてくるにあたって、電力を使っているわけですよね。そのうちの何十パーセントかは原発から出ているものの恩恵をほしいままにして今に至っているわけですね。

しかしすでに原子力情報センターの人たちも一生懸命頑張るし、弁護士も取消し訴訟をやりはじめていたわけですよ。しかし、世間は冷たかったですものね。知識としては、「将来の廃棄物・廃炉」をどうするか、何にも方策がないというのはわかっていながら、平気で目をつぶっていたわけですよね。

――冗談になるんですけどね、私は実家の解体屋を継いだ時に、若干の問題意識があったわけですから、原発を解体するのが一番金になるぞと思って、解体の研究をしたんです。結論として、あれは今の科学技術じゃ解体できないんです。どんな難しい建物でも作ったときの倍の金をかけて、作った工程と逆の工程を取っていけばいいんです。だから一億円かかった建物なら、二億円で壊すことができる。

ところが、それは壊したものを捨てるところがあっての話なんです。原発は棄てるところがないんですよ。だから壊せないという結論で、僕は原発を壊すノウハウを持っていたら、これは金になるなと一生懸命勉強したんですよ。結局できないということになって、それで本来はその問題意識からですね、「原発は危ないんだ」と言えばよかったんだけど、「カネにならないから止めておこう」ということで落ち着いてしまった自分というのがいるわけでね（笑）。この辺も情けないところですよね。

市民運動の中でも、あるいは弁護士の中でもね、原発反対運動をずっとやってきた人たちはいるんですよ。たとえば僕の知っている人は長野の南アルプスの奥深くに住んでいて、ずっと静岡の浜岡原発に反対していた。その人たちの村の中で、何人かでグループを作って、「原発は危ない」って、ビラまきをしたり、浜岡まで出かけて行ったりというのをずっとやってきた。今でこそ理解されても、当時は周囲は「何を言っているんだ」という話ですね。

――そうですね。我々は環境派、ネイチャリストの運動については冷淡だった。我々も「原発よりもっと政治的な課題があるんじゃないか」というようなことで……。

うん、七〇年代以降もソ連のチェルノブイリなんていうのはあんなのソ連だからやっただけの話だと。スリーマイルになったら、アメリカは帝国主義だからああなったと、適当に解釈していたわけ（笑）。

――自分自身もそういう反省があって。それで、今回の暴力団排除ですから、賛同者が増えないのも、こんなもんだろうとは思っていたんです。施行の時の反対派は二十年でほぼ消滅しちゃっているし、どうなるかなと思ってはいるんですけど。むしろ、保守的な利権を持っている連中が、今回の利権にありつけなくて、そういうところに反対派が出てくる可能性があると僕は思っているんです。

なるほどね。同じパイを分けるのにあずかれなかった人たちの問題ですか。

――うん。ご相伴にあずかれなかった人たちは、自分たちもやられる可能性があると感じている。権力の怖さをよく知っている人たちですから。そういうところのほうがむしろあるかなと。

この暴対関係が次にどの分野に拡がっていくと思います？　次の排除の標的はどこなんでしょうか。

――労働組合とか協同組合とかいうのはもう実質的力をなくしていますからね。弁護士会はやられるでしょう。より徹底して。

おそらくもっともっと監督が厳しくなってね。

――なるでしょうね。実質的なところは全部やられる可能性があるんじゃないでしょうか。刑事弁護も、国選だけならいいとか、私選はダメだということになりますしね。

次はマネーロンダリングにすすみますよ。犯罪で利益を得た人から報酬を受けるのは許されないと。弁護士は今、国選の独占が起こって来て、法務省管轄の「法テラス」に登録した弁護士でないかぎり国選は回ってこない。これも別の意味でのロンダリングですね。僕なんか法テラスに登録していませんから、一回も来ないですよ。

――法テラスって再審はやらないの？

再審は法テラスはやろうと思えばできるんでしょうけど。法テラスという国の恩恵を与えるべきではないとされるでしょうね。

――どちらにしても、司法界にかなり手が突っ込まれるだろうなあと思いますね。それからやっぱり、今は原発の問題が起こってますから、僕はやっぱり科学者なんかの自主性なんかももっと奪われていくことになっていくだろうなとは思いますね。

僕なんか見ていると、科学の場面ではもうすでにカネの関係に縛られてしまっている。

――全部そうですね。

まず大学が独立行政法人になって、一種の独立採算制に近いような形になっていく。

――「大学の自治」はなくなっていますから。

それからその次に今度は研究者の研究費が、国からプロジェクトに対して払われている。大学に対して払われていない。そうすると、文科省が「これは意義がある」と認めたプロジェクトでないと金がでないんですよ。そうすると社会のため、産学協同のためとなってしまう。今いちばん金がでるのは、治安対策と災害対策のため。これならいくらでも金が出るんだそうです。

しかもその金の流れが実は大学だけじゃなくて、二、三か所の大学の共同研究プロジェクトに対して出る。それをボスが取り仕切る。ボスは文科省に行って金をとってくる。完全に大学の自治は崩壊してしまっていますね。

これからのヤクザはどうなる?

――安田さん、こういう状況になってきてですよ、ヤクザはどうすればいいんでしょう? ヤクザですか? 答が思いつきませんね。ただ気の毒だと言う以外ないですよね。

――「闘え」と言う以上、一緒に闘ってやらなきゃいけないしですね……。

しかし、みなさんそういう闘うようなことに慣れていませんから、そういう弱いところにばかりつけ込まれるわけですね。ここまで攻められていると、どうやって食っていくのかと心配になります。

――食っていけてないです。

生活の場面から全面的に排除されていますからね。

――今後は、コンビニ強盗みたいなのがずいぶん横行すると思いますよ。だってヤクザとして食っていけなくなったら組を離れますよね。組にいるときは、親分や兄貴分が怖いから、悪いことだってそれこそ自主規制してきたわけですよね。そのタガが外れたら、やっぱり女房子供を食わせていくために何だってしますよ。ニューヨークあたりはコンビニ強盗が多いと聞きますけど、僕は日本でも増えると思いますね。

小銭がありますし、二十四時間営業だしね。タクシー強盗と同じですよ。タクシー強盗もまた増えるでしょうね。

――そういう点では治安は実は悪くなって、完全にヤクザが地下に潜って行って非公然化せざるをえなくなっていますからね。今まで公然化していたわけですから、比較的捕捉しやすかったんだろうけども、それができなくなりますでしょう。だから逆の作用を社会に与えていくんだと思いますね。

僕は他のことはあまり知らないけど、窃盗団とかの犯罪集団は日本にはなかったけど、これからは出てくるかなと。警備会社の現金強奪事件とかあったじゃないですか。あれのもっと広範囲でもっとでかくて、というのがヤクザになり代わってくるのかなと。

――でも、日本にも実は犯罪集団というのはあったんです。

ああ、山賊、夜盗、海賊とかのことですか。

――それもそうだし、社会の周縁部分にあったんですよ。スリ専門のグループと、空き巣専門のグループとかがあったんです。盗んだものは周縁部分に持ち込めば換金できる。

なるほど、贓物の売買ですか。

――その周縁部分の中にある犯罪者集団の共同体を壊したのは、反差別の運動体です。「人権」だとか「平等」とか言って役所からカネを取って来たから、泥棒をしなくてよくなったんです。だから壊して行ったのは、それがあるほうがいいかどうかは別問題ですけれども、実はあったんです。それは相当の横のつながり、全国的なネットワークを持っていました。

知らなかったですね。

根絶やしにするという発想

――その共同体を壊したのは近代民主主義です。市民主義的な民主主義が壊したんだと思います。いいか悪いかは別にして、社会の周縁部の人は何をしても食っていけるところがあったんです、そこに戻れば。

……それは別として、ヤクザはどうしたらいいんだろうかということに、みんな悩んでいるんですけどね。

根絶やしにされようとしているのですから、ヤクザでない人が想像する生半可なことではないと思います。

――どちらにしても組織的な形態としては非合法化せざるをえなくなるだろう。

僕たちが生きてきた歴史の中で、根絶やしにしてしまう政策なんてことはなかったですからね。正に棄民政策そのものですから。

――そう。警察庁は、本気で殲滅にかかっているような感じです。こういう社会的な階層を根絶やしにする政策はなかった。

本来のヤクザとは、安田さんもご承知の通り、かつては権力との距離感が非常に近い存在だったんですよ。権力に協力することによって、権力との関係を維持してきた。親しい関係を維持してきたところがあるわけですよね。

でも、暴対法の施行で突然絶縁されたわけですよ。三行半を突き付けられたわけです。実はその三行半を突き付ける側……権力側というのはそれなりの理屈と必要があったんでしょうけれども、ヤクザ側は寝耳に水なんですよ、やっぱり。それから二十年経って、何とか生き抜いてきたけど、今度は本当に存在の危機になってきたんです。

そういうところで、この社会的な階層がどういうふうに壊れていくのか、というのは注視すべきところだと思います。第三者的な言い方をすれば、そうなるんですけれども、相当酷いことが起こるんだろうなあと思いますねぇ。それも家族にも起こりますよ。子どもとか、女房とか……。

今までは「ヤクザは怖い」だったのが、「ヤクザはクズ」という上に「ヤクザは醜い」とか「汚い」というのが出てきた。

「オウムが怖い」というのと同時に、「汚い」「醜い」というのが出てきたんですが、おそらくヤクザとの関係もそのうち「汚らわしい」といった話が出てくるだろうと思うんですよ。そしてヤクザの存在そのものだけではなくヤクザの臭いのするものも排除されていくんでしょうね。意気がったような言葉遣いが汚いとかね、ああいうのはもう見たくないし聞きたくないし……っていう話になっていくような気がしますけどね。そうとなれば、徹底した無菌社会ですよ。

——穢れの思想ですね。

うん、差別と排除は、常に穢れで最後は補強されるわけですからね。もっともっと強硬な差別、絶対的な差別に近づいていくんでしょうね。でも頑張って何とかせんといかんですが。弁護士も評論家もですよ。

——なるほど。結局は差別の話になっていくんですね。ありがとうございました。

◉やすだ・よしひろ

一九四七年兵庫県生まれ。弁護士（第二東京弁護士会）。「死刑廃止 FORUM 90 」メンバー、アムネスティ会員。九九年、死刑廃止運動への貢献が認められ「多田謠子反権力人権賞」受賞。オウム真理教教祖の麻原彰晃、山口県光市の母子殺害事件の犯人らを弁護し、一貫して死刑廃止を訴えている。耐震偽装事件のヒューザー元社長・小嶋進、和歌山カレー事件の林真須美など世論のバッシングを受けた人物の弁護も担当。著書に『死刑弁護人 生きるという権利』（二〇〇九年　講談社＋α文庫）など。

「暴力団排除条例」の廃止を求め、「暴対法改定」に反対する表現者の共同声明

二〇一一年・平成二三年一〇月一日に東京都と沖縄県が暴力団排除条例（「暴排条例」）を施行した。その結果、全都道府県で暴排条例が施行されることになった。こうした事態にいたるまで、わたしたち表現者が反対の意思表明ができなかったことを深く反省する。

わたしたち表現者も、安全な社会を否定するものでは決してない。しかし、その「安全な社会」の実現を謳いながら、「暴排条例」は、権力者が国民のあいだに線引きをおこない、特定の人びとを社会から排除しようとするものである。これは、すべての人びとがもつ法の下で平等に生きていく権利を著しく脅かすものである。

暴対法は、ヤクザにしかなれない人間たちが社会にいることをまったく知ろうとしない警察庁のキャリア官僚たちにより作られた。さらに危険なことは、暴力団排除を徹底するために、表現の自由が脅かされることだろう。

条例施行以後、警察による恣意的な運用により、ヤクザをテーマにした書籍、映画などを閉め出す動きをはじめ、各地各方面で表現の自由が犯される事態が生まれている。こうしたなかで、金融、建設、港湾、出版、映画などさまざまな業界で、「反社会的勢力の排除」「暴力団排除」をかかげた自主規制の動きが浸透しつつある。萎縮がさらなる萎縮を呼び起こす危険が現実のものになっている。

いまからでも遅くない。暴排条例は廃止されるべきである。

こうした流れのなかで、新年早々から、一部の勢力が暴対法のさらなる改悪を進めようとしていることに、わたしたちは注意を向けなければならない。

かねて福岡県知事らは、法務省に対して暴対法の改定を求めて要請を続け、これを受けて警察庁は暴対法に関する有識者会議を開催して準備を始めている。

そこでは、現行法のさまざまな要件の緩和、規制範囲の拡大が検討されている。昨年暮れには、福岡県知事らが暴力団に対する通信傍受の規制緩和やおとり捜査・司法取引の積極的導入を法務大臣に直接要請したことが報じられた。

暴対法がこうした方向で改悪されるならば、表現の自由、報道の自由、通信の自由、結社の自由などの国民の基本的権利はさらなる危機に立つことになるだろう。

ヤクザの存在は、その国の文明度を示すメルクマールでもある。たとえば北朝鮮にはヤクザはいないと言われている。戦前の社会主義者の規制が全国民への弾圧に拡大したように、暴対法は「暴力団」の規制から国民すべてを規制する法律として運用されることになるだろう。これは、わたしたちに「治安維持法」の再来を含めた自由抑圧国家の成立を想起させる。

わたしたちはこうした動きに強く警戒し、強く反対する。わたしたち表現者は、自由な表現ができてこそ表現者として存在できるのであり、表現者の存在理由を否定し、「自由の死」を意味する暴排条例の廃止を求め、暴対法の更なる改悪に反対する。

二〇一二年・平成二四年一月二四日

【賛同者】（アイウエオ順）二〇一二年二月一四日現在

青木理（ジャーナリスト）／猪野健治（ジャーナリスト）／植草一秀（経済評論家）／魚住昭（ジャーナリスト）

大谷昭宏（ジャーナリスト）／岡留安則（元『噂の眞相』編集長・発行人）／小沢遼子（評論家）

角岡伸彦（ジャーナリスト）／萱野稔人（哲学者）／喜納昌吉（ミュージシャン）／栗本慎一郎（有明教育芸術短期大学学長、評論家）／斎藤貴男（ジャーナリスト）／齋藤三雄（ジャーナリスト）／佐高信（週刊金曜日編集委員）／佐藤優（作家）／設楽清嗣（東京管理職ユニオン執行委員長）／鈴木邦男（一水会顧問）

須田慎一郎（ジャーナリスト）／高野孟（評論家）／高橋伴明（映画監督）／田原総一朗（ジャーナリスト）

辻井喬（詩人、作家）／西部邁（評論家）／日名子暁（ルポライター）／平野悠（ライブハウスロフトオーナー）

三上治（評論家）／みなみあめん坊（部落解放同盟）／南丘喜八郎（『月刊日本』主幹）

宮崎学（作家）／宮台真司（社会学者・首都大学東京教授）／山平重樹（ジャーナリスト）／若松孝二（映画監督）

弁護士たちも反対の意思表明

二〇一二年五月一一日、「暴力団排除条例」の廃止を求め、暴力団対策法の改悪に反対する意思を、以下一四四名の弁護士が表明しました。

反対の意思を表明した弁護士は以下のとおりです（アイウエオ順）。

【賛同者】

青山友和／赤松範夫／秋田光治／浅井正／足立修一／阿部潔／阿部浩基／荒木和男／荒木貢／淡谷まり子／井口克彦／池谷昇／石田法子／石松竹雄／位田浩／市川守弘／伊藤明子／岩井信／岩月浩二／上田國廣／上原康夫／内田雅敏／浦　功／江島寛／江野尻正明／遠藤達也／及川智志／大川一夫／大口昭彦／大搗幸男／岡田基志／岡村正淳／奥村回／長部研太郎／小田幸児／織田信夫／角山正／笠井治／加藤克朗／加藤晋介／加藤高志／加藤孝規／加納雄二／亀田悦廣／川口和子／河田創／河村武信／河村正史／寒竹里江／菊田幸一／北潟谷仁／喜田村洋一／木村修一郎／木村壮／休場明／久保豊年／黒田和夫／桑原育朗／古賀康紀／小島秀樹／小関眞／児玉晃一／後藤貞人／小林將啓／齋藤護／齋藤拓生／坂入高雄／坂野智憲／坂和優／佐藤典子／里見和夫／澤田恒／志賀剛／幣原廣／篠崎淳／柴田信夫／下村幸雄／下村忠利／菅充行／菅野昭夫／鈴木一郎／空野佳弘／髙木健一／高藤敏秋／髙見秀一／田中清治／田村公一／陳　愛／塚本誠一／辻田博子／恒川雅光／鶴見俊夫／出口治男／寺崎昭義／遠山大輔／栃木義宏／富崎正人／内藤隆／中川瑞代／永嶋里枝／永嶋靖久／中谷雄二／中野新／中道武美／永見寿実／七尾良治／南郷誠治／二宮純子／丹羽雅雄／布谷武治郎／信岡登紫子／羽柴修／長谷川純／濱崎憲史／林千春／日隅一雄／弘中惇一郎／藤田充宏／藤田正隆／藤原精吾／舟木友比古／本田兆司／前田恒善／前田裕司／松井武／松原祥文／三上陸／水永誠二／三溝直喜／美和勇夫／武藤糾明／門間久美子／八重樫和裕／安田好弘／山崎吉男／山下俊之／山田有宏／山之内幸夫／山本志都／山脇哲子／横井貞夫／吉田孝夫／吉田恒俊／若松英成

シリーズ　おかしいぞ！　暴力団対策②

メルトダウンする憲法・進行する排除社会

——暴排条例と暴対法改訂の「いま」

2012年5月15日　　初版第1刷発行

編著者　　宮崎学

発行者　　高井隆

発行所　　株式会社同時代社

〒101-0065　東京都千代田区西神田2-7-6

電話　03(3261)3149　FAX　03(3261)3237

取材・写真　　齋藤三雄・長野圭

協力　　ぱいぷん社

組版　　有限会社閏月社

印　刷　　モリモト印刷株式会社

ISBN978-4-88683-718-9

シリーズ　おかしいぞ！暴力団対策①

あえて 暴力団排除に 反対する

ブックレット　112頁
ISBN978-4-88683-717-2　定価840円

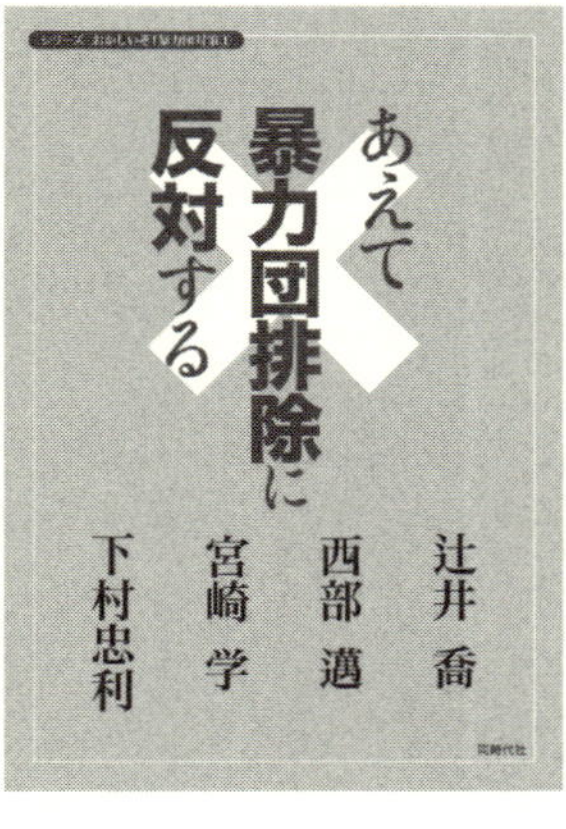

辻井　喬

危機にある、思想、言論、表現の自由

西部　邁

この国が「大人」になるためには

宮崎　学

なぜ我々は暴力団排除に反対するのか

下村忠利

暴対法―法律家として発言する

同時代社

〒101-0065　東京都千代田区西神田2-7-6　電話03-3261-3149
FAX03-3261-3237　メールdoujidai@doujidaisya.co.jp